창업
첫걸음

누구도 알려주지 않는 소자본 창업 노하우

창업 첫걸음

| 최재희 지음 |

중앙경제평론사

머리말

올해도 소비위축이 예상되고 청년들의 일자리 찾기가 더 어려워지면서 제2의 외환위기를 걱정하는 암울한 분위기에서 이 책을 내게 되었다. 금융권의 가계부채는 날로 증가하고 있고, 취업난은 심화되고 있으며, 1980년대 경제성장을 이끌었던 베이비부머 세대는 대부분 은퇴 수순을 밟고 있다.

월급을 제외한 세금, 대출이자, 전월세 가격, 물가, 의료비, 교육비 등이 모두 오르는 현실에서 국민은 노후대비는커녕 당장 내일을 걱정해야 하는 처지에 놓여 있다. '창업 외에 다른 대안이 있을까?' 마땅한 단어가 별로 떠오르지 않는다.

사람은 누구나 인생에서 성공하고 싶은 소망을 가지고 있다. 하지만 인생을 살아가면서 성공을 이루기란 결코 쉬운 일이 아님을 다들 알고 있다. 예부터 인생은 끝없이 넓고 시시각각(時時刻刻) 변하는 대양을 목적지로 삼아 오로지 앞으로만 나아가는 항해에 비유되어왔다. 항해할 때는 날이 쾌청하고 파도가 잔잔한 날이 있는가 하면 폭풍이 불어 거친 파도에 휘말리며 위험을 느끼는 날도 있

다. 심지어 방향을 잃고 난파되어 표류하는 일도 있다.

우리는 아주 어릴 때부터 성공하는 것이 마치 인생의 최대 목표인 양 배웠기 때문에 성장하면서 치열한 경쟁 속에서 저마다 열심히 노력하며 살아간다. 그런데도 결과가 좋지 못하다 보니 진퇴양난(進退兩難) 속에 궁여지책(窮餘之策)으로 창업을 고려하거나 실제 창업을 하는 사람들이 늘어나고 있다. 이런 추세가 현재 우리나라의 사회적 현상이기도 하다.

이와 같은 상황에서 마음속에 자리 잡고 있는 창업은 누구나 한 번쯤 제2의 인생을 위한 도약의 발판으로 생각한다. 따라서 창업이란 단어는 현재 누구에게나 친숙해지고 있다. 하지만 창업이 곧 성공이라는 말은 아니다.

2015년 현재 우리나라는 약 700만 명이 자영업에 종사하고 있고 한 해(2012년 12월 31일 기준, 국세청) 동안 105만 3,000명이 창업하고 88만 9,000명이 폐업하는, 폐업률 84%의 폐업천국이다. 창업한 사람 100명 중 84명이 망하는 셈이 되는 다산다사(多産多死)의

구조다. 성공을 일궈내는 일이 얼마나 철저하게 준비하고 노력하느냐에 달렸다는 것을 잘 보여주는 결과다.

필자는 20년 동안 소자본 창업 컨설팅업에 몸담고 있으며 성공하였다는 수많은 분을 인터뷰하면서 느낀 점들이 있다. 자기 입으로 "나는 천운이 있어 성공하였다"고 말하는 사람들은 자신을 겸손하게 낮추어서 표현한 것이다. 그 이면을 잘 살펴보면 대부분 남들과는 다른 무엇인가를 가지고 있다. 남들이 스쳐 지나갈 수 있는 그 무엇인가를 놓치고 배우지 않는다면 성공을 향한 길은 점점 멀어져갈 것이다.

성공에 대한 열망이 너무 강한 나머지 드러나지 않은 비결을 간과하면 안 된다. 수많은 시행착오를 개선해본 경험과 숙련도, 고도의 기획, 내면의 인생철학, 영업실적 등의 요인을 눈여겨 살펴봐야 한다. 성공하고 뜻을 이룬 사람들이 소수인 것은 재능 탓이 아니라 의지 탓이다. 앞날의 즐거움을 위해 오늘의 즐거움을 포기하고 몸 부림치는 사람만이 성공의 대열에 설 수 있다.

　이 책에도 항상 새로이 변모하는 창업시장에서 자영업자나 예비창업자들이 성공창업을 이루기 위해서라면 한번쯤 읽어보아야 할 군대의 병법서(兵法書) 같은 성공의 지혜를 담았다.

　1장에서는 자영업시장의 현황과 통계자료 등을 활용하여 창업계획을 세우는 데 주안점을 두었고, 기본적인 창업지식과 창업철학 등을 사례를 들어 제시하였다.

　2장과 3장에서는 입지선정과 상권분석, 업종선정 등을 쉽게 할 수 있도록 구성하였다. 특히 상권분석에서는 중소기업청 산하 소상공인시장진흥공단에서 운영하는 '상권정보시스템'을 활용하여 초보창업자라도 쉽게 분석하고 판단할 수 있는 방법을 제시하였다.

　4장에서는 프랜차이즈에 대한 이해와 가맹본부 선정요령, 정보공개서의 열람 및 분석방법 등의 내용으로 꾸며 가맹창업을 할 경우 본인에게 적합한 브랜드를 쉽게 판단할 수 있게 하였다.

　5장에서는 창업 후 운영방법을 사례와 방법론으로 제시함으로써 창업자가 점포를 운영할 때 어려움을 헤쳐 나갈 수 있도록 구성하였다.

평생직장이 될 수 있는 창업계획의 중요성은 누구나 느끼고 있다. 그러니 너무 늦지 않았을까 고민하지 말고 지금 당장 준비하라고 권하고 싶다.

창업준비과정에서나 창업 후 문제가 생길 경우 어떻게(HOW) 하면 그것을 해결할 수 있을까? 해결방안이 없는 문제는 없다. 혹시 해결방안이 전혀 나타나지 않는다면 그것은 분명하게 문제가 잘못된 것이다. 이럴 경우 창의적인 사고로 문제를 바라보면 해결된다는 식으로 접근해보면 어떨까? 쉬운 성공, 운 좋은 성공은 바라지 말자! 옛 속담에 "가죽이 상하지 않게 호랑이를 잡을 수 있을까?"라는 것이 있다. 힘들이지 않고는 성공하기 어렵다는 뜻이다.

장사가 단순하게 상품이나 서비스를 판매하는 것이라면 경영은 창업자의 혼이 담겨 있는 사업이라고 표현하고 싶다. 내가 만들어가는 점포에 생명력을 불어넣어 보자. 그리고 손님들에게 어떤 점

포로 인식되는지 평가를 기다려보자.

　이 책이 창업을 바라보는 독자들에게 폭넓은 시각을 갖게 해주
고 성공창업으로 향하는 밑거름이 되었으면 한다.

　이 책을 내기까지 도움과 격려를 아끼지 않은 중앙경제평론사
김용주 대표님 이하 임직원에게 감사의 말씀을 전한다.

한국창업컨설팅Group

대표컨설턴트 최재희

contents

4장

실패 없는
프랜차이즈 가맹창업

5장

점포운영의
핵심 노하우

1장

자영업현장에서
성공비결을 배우다

자영업의
현주소

우리나라는 2014년 10월 기준으로 1,967만 가구에 5,066만 3,000명이 살고 있다. 그중에서도 수도권 인구편중현상으로 서울·경기 지역에 국민의 절반 이상이 거주하고 있다. 2014년 10월 27일 국세청 통계자료 발표에 따르면 법인사업자를 제외한 개인사업자는 2012년 12월 말 기준으로 537만 9,000명이다. 인구 9.41명당 1명, 가구수로 환산하면 3.65명 가구당 1가구가 개인사업자로 생활하는 셈이다.

이러한 수치가 말해주듯 자영업시장은 포화상태임을 부인하지 못한다. 한 해(2012년 12월 31일 기준, 국세청) 동안 105만 3,000명이 창업하고 88만 9,000명이 폐업했으니 폐업률이 84%나 되는 폐업천국이다. 창업을 하면 100명 중 84명이 망하는 셈이다. 자영업자들이 가장 선호하는 음식점만 해도 한 해 17만 9,000명이 창업하고 16만 9,000명이 폐업했다.

이렇게 열악한 환경에도 전체 사업장은 점점 늘어나는 추세다. 720만 베이비부머(1955~1963년생) 세대의 은퇴와 저성장 장기불황으로 창업에 선뜻 나서지 못하는 창업준비자들이 대기하고 있기 때문이다. 한마디로 대한민국은 창업하기 참 좋은 나라, 창업해서 성공하기 무척 어려운 나라다.

개인사업자 창업 · 폐업 현황

구분	2007	2008	2009	2010	2011	2012	2013
개인사업자	4,526	4,730	4,890	5,044	5,177	5,283	5,379
총사업자	5,005	5,234	5,419	5,602	5,772	5,918	
신규창업	1,135	1,087	1,043	1,071	1,083	1,053	
폐업	894	844	840	860	897	889	

구분	2007	2008	2009	2010	2011	2012	2013	2014 3/4	출처
자영업자	6,049	5,970	5,711	5,592	5,594	5,718	5,651	5,760	통계청 고용동향
무급가족종사자	1,413	1,401	1,341	1,266	1,254	1,251	1,221	1,287	
개인사업자	4,526	4,730	4,890	5,045	5,178	5,283	5,379		국세청 국세통계 연보
소상공인	2,712	2,716	2,726	2,805	2,879	2,963	3,005		통계청 전국사업체 조사

- 출처: 2012년 기준 《국세청통계연감》
- 자영업자: 경제활동인구 기준(무등록사업자 포함, 포장마차, 노점 등)
- 개인사업자: 국세청 사업자등록 기준(개인사업자, 법인사업자 구분)
- 소상공인: 고용종사원 기준(5인 이하 고용, 법인사업자 포함)
- 숫자 단위: 천 명

자영업을 하고 있는 개인사업자의 영업실적을 살펴보자. 소상공인시장진흥공단의 '2013년 소상공인전국실태조사' 보고서에 따르면 소상공인의 평균 영업기간은 9.7년, 평균종업원 수는 0.88명, 사업자 연령은 50대가 39.1%, 40대가 30.7%, 60대가 17.3% 순이며, 사업유형은 독립점포가 91.4%이다.

월평균 매출은 877만 원으로 2010년 990만 원에서 3년 새 연간 매출이 1,300만 원 넘게 줄었다. 월평균 영업이익은 월 187만 원, 창업비용(자기자본비율)은 7,257만 원(75.7%), 부채는 1개 사업체당 5,308만 원으로 조사되었다. 자영업자의 소득수준은 영업 이외의 별도소득이 없을 경우 2013년 기준 가구당 평균소득 4,676만 원(월 389만 원)의 절반에도 못 미치는 수준이다.

창업자들이 가장 많이 몰려 있는 음식숙박업의 창업비용은 9,230만 원으로 3년 전인 2010년 평균 7,540만 원에 비해 무려 2,000만 원 가까이 늘었다. 대기업의 외식 프랜차이즈 진출 등으로 식당인테리어 등이 갈수록 화려해지고 고급화되었기 때문이다.

베이비부머 세대는 은퇴로 대거 창업전선에 뛰어들고 있다. 하지만 경기침체로 매출은 줄어들고 창업·유지 비용은 늘어나며, 소득은 가구당 평균소득의 절반 수준인 것이 자영업자의 영업실적 현주소다.

생계를 위한 자영업의 영업실적이 이렇다 보니, 자영업자들은 빚에 의존할 수밖에 없다. 금융권에 따르면 2013년 124조 원이던 자영업대출은 2014년 10월 말 기준으로 134조 원까지 급증했다. 최근 4년간 매년 10조 원씩 자영업대출이 늘어난 것이다. 빚더미에 오른 자영업자들의 현실을 반영한다.

전체 가계부채 1,100조 원 중에서 '자영업자들이 국내 금융회사에서 빌린 전체 대출규모는 2014년 6월 말 기준 224조 2,000억 원에 달한다'고 금융당국 및 국회 정무위원회에서 밝혔다.

현대경제연구원이 발표한 '자영업자 가계부채의 특징과 시사점' 보고서에 따르면 1인 자영업자의 가구당 가계부채는 2012년 5,907만 원에서 2013년 6,987만 원으로 늘었으며 연 원리금 상환액은 1,197만 원이다. 1인 자영업자의 가계부채 증가 원인으로는 생활비(33.2%)가 가장 크고, 사업자금(21.6%), 교육비(15.5%), 부채상환(13.9%) 등이 뒤를 이었다.

금융권에선 '내수경기 침체 장기화 → 자영업자 소득 감소 → 대출 증가 → 상환능력 악화'라는 악순환의 고리가 이어지고 있다고 평가한다. 어려운 자영업 환경에서 앞으로 희망을 가질 수 있는 소비환경은 어떻게 변할까? 2014년 10월 우리나라 국민소득은 2만 8,000달러로 2015년이면 1인당 국민총소득(GNI, gross national income)이 3만 달러 이상을 기록하고, 2016년이면 30-50클럽에 가입할 것이라고 한다. 30-50클럽은 1인당 GNI가 3만 달러 이상, 인구 5,000만 명 이상인 나라를 말하는데 현재 미국, 일본, 독일, 프랑스, 영국, 이탈리아 6개국이 30-50클럽에 가입했다.

LG경제연구원과 현대경제연구원은 지난해 우리나라의 인구가 5,000만 명을 넘어섰기 때문에 1인당 GNI가 3만 달러를 넘으면 30-50클럽에 가입하게 되고, 5년 후인 2019년에는 GNI가 4만 달러를 돌파하여 일본을 추월하게 될 거라고 전망했다.

국가는 부자가 된다고 하는데 자영업자들도 따라서 좋아질지 살펴보니 결코 낙관적이지 못한 것 같다. 전국경제인연합회가 발표한 2014년 9월 '민간소비 부진의 원인 및 시사점' 보고서에 따르면 1990년대 말 IMF 금융위기와 2000년대 말 글로벌 금융위기를 겪으며 내수의 상당 부분을 차지하는 소비가 침체현상을 보이고 있다.

가계부채는 날로 증가하는 데 반해 취업난은 심화되고 있으며, 1980년대 경제성장을 이끌었던 베이비부머 세대는 대부분 은퇴 수순을 밟고 있다. 월급을 제외한 세금, 대출이자, 전월세 가격, 물가, 의료비, 교육비 등이 모두 오르는 현실에서 국민들은 노후대비는커녕 당장 내일을 걱정해야 하는 처지에 놓여 있다.

해법으로는 위축된 소비를 촉진하려면 무엇보다 '투자증대–고용창출–소비증진–투자증대'의 선순환구조를 회복하는 것이 중요하다며 이를 위해 기업투자를 유인할 수 있는 정책수단이 필요하다고 한다.

이런 환경에서는 소비자가 지갑을 닫을 수밖에 없다. 희망을 갖기보다는 우려가 먼저 되는 대목이다. 필자 역시 자영업자들과 상담하는 과정에서 고충을 들어보면, 문을 닫을 경우 임차료에 관리비 등 200만 원을 적자보는데 문을 열면 인건비와 재료비를 더해 400만 원을 손해보는 경우도 있었다.

적자를 보면서도 문을 열 수밖에 없는 이유가 점포매각 시 권리금 손실분 때문이라고 한다.

노후를 위해 창업했는데 수입은 기대에 못 미치고, 원가상승, 임차료, 관리비 등의 부담이 갈수록 늘어 폐업으로 이어지는 게 자영업자의 현실이다.

자영업자로 살아간다는 것이 고난의 길이라는 것을 불 보듯 뻔히 알면서도 이 길을 선택할 수밖에 없다. 자영업의 어려움은 장년층의 고용불안, 과당경쟁 같은 구조적 문제 등의 복합적 원인에서 기인했다. 불리한 여건을 극복하고 자영업자 10%에 해당된다는 성공이 나에게도 찾아올지 고민해보아야 할 시점이다.

장밋빛 꿈에 부풀어 창업을 시도했는데 빈곤층으로 몰락하거나 가뜩이나 경제적으로 어려운 가정이 파탄으로 내몰리기도 한다. 이러한 위기가 자신의 부주의만으로 찾아오지 않는다는 점이 서민을 더욱 슬프게 한다. 경제구조적 모순에 따른 것이라는 얘기다.

02

30개 생활밀접업종,
국세청 창업통계로
성공에 다가선다

국세청에서 일상생활과 밀접한 30개 생활밀접업종을 지정하고 사업자현황을 4년마다 조사 · 분석하여 창업준비자에게 도움이 될 수 있도록 발표하는 통계가 있다. 2009년에 처음 조사하였고 2014년 10월 27일 두 번째로 발표하였다.

특히, 지역별 · 업종별 사업자 수(거주인구수 대비)와 2009년과 비교한 업종 변화 등을 분석함으로써 창업준비자들에게 업종과 지역 선택에 유용한 정보를 제공하고 있다. 참고로 소상공인시장진흥공단에서 운영하고 있는 상권정보시스템(http://sbiz.or.kr)에 등록되어 있는 전체 업종은 1,274개다.

30개 생활밀접업종을 운영하고 있는 사업자는 132만 명으로 전체 개인사업자의 24.7% 수준인데, 2009년 125만 9,000명에서 2013

년 132만 9,000명으로 5.6% 증가한 것이다. 4년 동안 소비성향이 변화하면서 사업자 수에도 변화가 있었다.

소매유통업에서는 휴대전화 이용이 늘면서 휴대전화 판매점은 56.1% 증가했고, 편의점은 56.5% 증가(14,596개→22,842개)한 데 반해, 식료품가게는 12.5% 감소했다. 동네슈퍼들이 편의점으로 업종을 전환하고 있는 추세를 반영했다.

미용에 대한 관심이 커지면서 화장품가게는 23.7%나 늘어났으며, 실내장식가게는 35.3% 증가한 것으로 나타났다. 미용실은 19.4% 증가하였으나 이발소는 7.5% 감소했다. 세탁소는 7.9% 증가하였으나, 목욕탕은 10.0%, PC방은 18.8%, 노래방은 5.1% 감소한 것으로 나타났다.

청소년과 관련하여 교습학원과 예체능학원은 각각 7.8%, 5.2% 증가했고, 서점은 17.5%, 문구점은 21.4% 감소하였다.

음식업은 식생활 변화에 따라 패스트푸드점(치킨, 피자, 햄버거 등)이 64.1% 증가하였으나, 일반음식점(한식집, 중식집, 일식집, 양식집, 분식집, 회사 구내식당 등)은 5.4% 증가하는 데 그쳤다. 제과점은 9.4% 증가하였으나, 일반주점(호프집, 소주방, 간이주점 등)은 7.0% 감소하였다.

이러한 업종의 증가와 감소로 미루어볼 때 어떤 업종이 뜨고 어떤 업종이 지는지 판단할 수 있다.

🔍 2013년 생활밀접업종 사업자의 연령

구분	30세 미만	30세 이상	40세 이상	50세 이상	60세 이상	기타	총 계
사업자 수(명)	60,697	246,114	429,614	415,945	176,597	45	1,329,012
비 중 (%)	4.6	18.5	32.3	31.3	13.3	–	100

- 기타: 외국인 등 연령별 구분이 안 되는 사업자

　생활밀접업종 사업자의 연령대를 보면, 40대가 42만 9,614명(32.3%)으로 가장 많으며, 50대가 41만 5,945명(31.3%)으로 40~50대 비중이 상당히 높은 것으로 나타났다. 업종별 사업자의 연령을 보면 휴대전화 판매점과 PC방은 30대, 교습학원은 40대, 노래방과 철물점은 50대, 이발소와 여관업은 60대 이상 비중이 높았다.

　생활밀접업종 사업자의 성별 현황을 보면 남성 55만 3,000명, 여성 77만 5,000명으로 여성사업자가 많았다. 2013년 신규사업자 및 계속사업자 모두 40대 미만에서는 남성이, 40대 이상에서는 여성이 많은 것으로 나타났다.

　여성들이 선호하는 업종은 화장품가게, 꽃가게, 노래방, 일반주점, 미용실이며, 남성들이 선호하는 업종은 안경점, 휴대전화 판매점, 자동차수리점, 이발소 등이다. 국세청 창업통계를 잘 이용해도 유망업종을 선정할 수 있는 잣대가 되고, 업종의 지역밀집도까지 살펴본다면 어떤 지역에서 어떤 업종이 잘되는지 판단도 가능하다.

꽃가게는 서초구, 강남구, 중구에 집중되어 있으며(1,371개, 비중 36.8%), 특히 대규모 화훼단지가 있는 서초구에 가장 많았다. 옷가게는 집단의류상가(명동·남대문시장)가 있는 중구, 일반주점은 신촌·홍대입구 등 젊은이들이 많이 모이는 마포구, PC방·여관은 관악구, 휴대전화 판매점은 대규모 전자상가가 있는 광진구와 대형 디지털단지가 있는 구로구에 많이 몰려 있는 것을 확인할 수 있다.

국세청 창업통계 이외에도 매년 발표하는 국세통계연감의 부가가치세 항목을 들여다보면 전국의 사업체 현황, 신규사업자의 업종·업태, 성별·연령별 가동사업자의 사업존속 연수, 폐업자의 폐업사유 및 사업존속기간 등을 참고할 수 있다.

이와 별개로 창업자에게 도움이 되는 통계는 통계청에서 5년마다 실시하는 '전국사업체조사', 매년 분기별로 4회 실시하는 '가계동향'과 '전자상거래 및 사이버쇼핑동향' 그리고 매월 발표하는 '고용동향'과 '산업활동동향'이 있다. 소상공인시장진흥공단에서 3년마다 실시하는 '전국 소상공인실태조사' 외에 소상공인 관련 통계가 다수 있다.

통계청이 금융감독원, 한국은행과 공동으로 실시한 '2014 가계금융·복지조사로 본 자영업자 가구의 현황 및 특징'과 같이 사회적 필요에 따라 수시로 펴내는 통계자료도 있다.

2000년 이후 시장 환경의 변화로 소자본 창업 시장은 급팽창했다. 2010년 이후에는 베이비부머 세대가 대규모 은퇴를 시작하면서 창업시장에 지각변동이 일어나고 있다. 무려 720만 명에 이르는 예비 퇴직자들과 불황 탓에 관망세를 고수하던 예비 창업자들이 유입되면서 자영업자의 숫자가 급격이 늘어날 것이다.

특히 시장진입 장벽이 낮은 생활밀접업종은 쏠림현상이 두드러지면서 수익률은 떨어지고 경쟁은 더욱 심해질 것이다. 그러므로 예비창업자들은 창업준비를 철저히 해야만 한다. 경우에 따라 준비를 너무 철저하게 하려는 의욕이 오히려 시행착오와 심리적인 갈등까지 불러올 수도 있다. 말만 많고 실행은 하지 않는 NATO(Not Action Talking Only)족이 되어서는 곤란하다.

생활밀접업종에 도전한다면 기존의 사업에 '+1' 개념을 도입하는 것이 바람직하다. 점포 운영방식, 마케팅, 상품의 구성 등에서 한 가지라도 전향적인 발상을 해서 새로운 감각의 점포를 꾸며보는 것이다.

🔎⊕ 30개 생활밀접업종 현황(전국)

업 종	사업자 수(명)			인구 천 명당 사업자 수[2](명)	
	2009	2013[1]	증감률(%)	2009	2013
슈퍼마켓	24,170	24,370	0.8	0.49	0.48
편의점	14,596	22,842	56.5	0.29	0.45
정육점	21,055	19,117	△9.2	0.42	0.38
과일가게	7,036	9,158	30.2	0.14	0.18
화장품가게	27,181	33,611	23.7	0.55	0.66
옷가게	83,757	88,825	6.1	1.68	1.75
가구점	7,103	6,812	△4.1	0.14	0.13
서점	8,986	7,409	△17.5	0.18	0.15
안경점	7,318	8,065	10.2	0.15	0.16
문구점	14,269	11,219	△21.4	0.29	0.22
철물점	10,169	9,630	△5.3	0.20	0.19
꽃가게	18,507	18,995	2.6	0.37	0.37
여관	24,796	26,689	7.6	0.50	0.53
일반음식점	439,223	462,839	5.4	8.82	9.14
패스트푸드점	14,729	24,173	64.1	0.30	0.48
일반주점	64,897	60,371	△7.0	1.30	1.19
제과점	11,022	12,058	9.4	0.22	0.24
부동산중개업소	76,681	78,571	2.5	1.54	1.55
예체능학원	47,080	49,509	5.2	0.95	0.98
교습학원	44,333	47,805	7.8	0.89	0.94
자동차수리점	35,195	36,698	4.3	0.71	0.72
노래방	34,238	32,484	△5.1	0.69	0.64
PC방	14,212	11,535	△18.8	0.29	0.23
세탁소	20,822	22,457	7.9	0.42	0.44
이발소	14,199	13,131	△7.5	0.29	0.26
미용실	66,759	79,691	19.4	1.34	1.57
목욕탕	6,704	6,035	△10.0	0.13	0.12
식료품가게	68,800	60,219	△12.5	1.38	1.19
실내장식가게	19,752	26,720	35.3	0.40	0.53
휴대전화 판매점	11,511	17,974	56.1	0.23	0.35
합계	1,259,100	1,329,012	5.6	25.30	26.22

- 출처: 행정자치부 주민등록인구 통계
  1) 2013. 12. 31. 사업자등록 기준(잠정치)
  2) (사업자 수/인구수)×1,000명
- 인구수는 2009년 49,773,145명, 2013년 50,663,727명

03

"장사하기 너무 힘들어요!"
얼마나 힘든지 '숫자'로
알고 계십니까

직장에 다니면서 꼭 해결해야 하는 부분이 점심식사다. 직장인들의 실질임금은 줄어드는 상황에서 한 끼당 6,000원이 넘는 점심식사도 또 하나의 사회문제로 떠올랐다. 식자재 가격인상으로 자꾸만 올라가는 식비를 감당하기 힘든 수준이라는 것이다.

시기적으로 폭등과 폭락을 반복하는 식자재 유통구조의 문제도 있겠지만 채소가격이나 육류가격이 내려도 한번 올라버린 음식가격은 좀처럼 내리지 않는다는 것이 소비자들에게는 큰 불만이다. 물가가 오른다면 원가관리에 어려움이 가중되겠지만 반대로 물가가 내린다면 자영업자들에게 수익이 조금 더 늘어야 하는 게 정상이다. 그런데도 자영업자들의 어려움은 현재진행형이다.

자영업컨설턴트로서 현장에 나가 자영업자들을 만날 기회가 많다. 자영업자들에게 "요즈음 경기가 어떻습니까?"라고 물으면 거의 대부분 "장사하기 너무 힘들어요!"라고 대답한다. 내용면으로 봐도 처음 장사를 시작할 때보다 인근 지역에 경쟁업체들이 늘어났다. 게다가 물가가 올라도 너무 많이 올라서 남는 게 없다.

자영업자들이 애로를 호소하는 말은 주로 "손님이 줄어들었다. 생계유지가 어렵다. 앞으로 남고 뒤로 밑진다"는 것이다. 여기서 어렵다는 말은 자영업을 영위하는 데 겪게 되는 곤란이나 시련이 많다는 뜻이다.

이러한 어려움을 극복하려면 자신이 처한 경영환경을 정확하게 인지해야 한다. 막연하게 어렵다고 표현하기보다는 구체적으로 "지난달보다 매출이 어느 정도 줄었다"든가 "지난해보다 매출이 얼마나 줄었다." 아니면 "매출이 지난달과 같은데도 이익이 얼마 정도 줄었다"고 표현한다면 정확한 답변이 될 것이다.

이러한 문제의 해결책을 마련하려면 해당 업소의 매출 기록과 분석이 선행되어야 한다. 영세한 매장에는 POS를 설치하기조차 어렵겠지만 신용카드로 지불하는 소비자가 많아서 웬만한 매장에는 POS가 설치되어 있는 것이 현실이다. 그렇지 않을 경우 수기로 장부정리를 꼬박꼬박 해두어야 한다. 따라서 매출과 지출에 관련된 수치관리는 업주가 조금만 관심을 가지면 어려울 것이 없다.

목적지가 없는 선박은 항해하는 것이 아니라 그냥 표류할 뿐이다. 꿈과 목표가 있다면 항해가 순항이든 난항이든 목적지를 향해 헤쳐 나가야 한다.

자영업을 해서 생계유지, 매출증대, 이익추구 등의 목적을 실현하고자 한다면 영업목표가 분명하게 설정되어야 소박한 꿈이 실현될 확률이 높다.

수입과 지출 등의 수치를 토대로 신규고객을 유치하고 기존고객의 재방문을 유도하는 창의적인 아이디어를 접목한 다양한 이벤트 개발, 새로운 메뉴 개발, 고객의 마음이 흡족하게끔 접객하겠다는 새로운 서비스 개발 등 영업목표를 달성하겠다는 자영업자의 의지와 부단한 노력도 선행되어야 한다.

04

최선을 다한 뒤
소비자 심판 기다려야

총선이나 대선에서 최종 승자는 당연히 국민의 선택을 많이 받는 후보자다. 자영업자나 예비창업자의 상황도 이런 점에서 선거와 흡사하다. 성공하는 창업자가 되려면 인기 있는 업종을 영위해야 하는데, 이는 선거 때 공약과 비슷하다.

다음 단계로 이들 공약을 알리는 광고나 유세를 해야 하는데, 이는 자영업의 영업 및 홍보 활동과 닮은꼴이다. 자신의 사업을 잘 알려서 매출과 수익으로 직결시켜야 한다는 것은 후보자가 유권자의 마음을 움직여 표로 보상받는 것과 다를 바 없다.

창업에서 업종을 선택할 때, 유행하는 업종을 찾기보다는 장기적인 관점에서 선정하는 것이 좋다. 돈을 벌겠다는 의욕만 앞서 있으면 안 되며, 실패할 수도 있다는 점을 염두에 두고 업종을 선정해야 한다. 최소한 어떤 상품을, 어떤 고객에게, 어떤 장소에서, 어떤 시간대에, 어떤 방법으로, 얼마에 팔지 충분히 검토한 다음 창업을 결정해야 한다.

서울 상봉동의 전통시장 인근에서 치킨전문점을 창업한 50대 초반의 김성철 씨는 엔지니어 출신으로, 오븐기를 직접 개발해 자영업시장에 뛰어들었다. 보증금 1,000만 원, 월세 70만 원의 부담 없는 조건으로 가게를 냈지만 기대 이하의 저조한 매출에 시달리다가 3개월 만에 가게를 다른 사람에게 넘겼다.

실패의 주된 원인은 맛에 대한 주관적인 평가와 영업방법으로 배후상권 소비자의 마음을 사로잡지 못한 데 있었다. 더구나 이 일은 자기 적성에도 맞지 않았다.

창업자가 업종을 선정할 때 기준은 자신이 잘 이해할 수 있거나 열정을 다해 종사할 수 있는 일이어야 한다. '행복한 가정을 위해서라든가' '제2의 직업 창출을 위해서'라는 창업 목적을 분명히 세우고 자기 적성에 맞는 업종을 선택해야 한다. 적성에 맞는 일은 의욕을 느끼게 되며, 의욕은 추진력을 낳고, 추진력은 성공 확률을 그만큼 높인다.

05

소자본 창업에 성공하기 위한 물적 자원

창업을 위한 물적 자원은 창업자금, 아이템, 사업장 세 가지가 기본이다. 창업하기 위해선 역시 돈이 가장 필요하다. 본인 자금으로 창업을 준비하다 보면 항상 부족함을 느끼게 된다.

창업준비 과정에서부터 정부의 창업지원자금 또는 금융권의 대출에 의존하는 경우도 많다. 준비 과정에서 자금이 부족하게 되는 이유는 좋은 상권의 선택, 인테리어 등의 시설, 창업준비기간의 지연 등으로 자금이 예산보다 많이 소요되기 때문이다. 이런 과정을 거쳐 개업을 하면 첫 달부터 수익이 발생할 거라고 생각하는데 이러한 잘못된 사고 때문에 예상치 못한 실패의 늪에 빠지기도 한다.

40대의 이○○ 사장은 커피숍을 창업하기 위해 바리스타자격증도 땄고 창업교육도 받았다. 그리고 가락동 경찰병원 인근 빌딩 2층에서 평소 꿈꾸던 커피숍을 2억 원을 투자해 문을 열었지만 6개월이 채 안 되어 문을 닫았다.

운영상 이유도 여러 가지 있었지만 7,000만 원 대출에 따른 원리금 상환, 저조한 매출에 따른 적자운영으로 눈덩이처럼 불어나는 빚을 감당할 수 없었기 때문이다. 이 사장은 임차료와 금융이자 때문에 생활을 지탱해나갈 수 없을 정도가 되었다. 이와 더불어 극심한 스트레스로 밤잠을 못 이루고 건강이 악화되어 가게문을 못 여는 날도 늘어났다.

결국 권리금과 시설비를 손해보고 반 토막 난 상태에서 가게를 매도했다. 생계를 위한 창업이 건강과 가정을 위태롭게 만든 사례다.

창업을 하면 처음부터 수익이 나는 경우는 드물다. 자리매김할 때까지 서너 달은 이익이 발생하지 않을 수도 있다. 여기에 생활비와 대출금 이자, 상환금을 염두에 두고 장사를 해야 한다. 창업에 실패하는 이유 중 이 부분을 간과한 경우가 가장 많은 비중을 차지한다.

실패를 줄이려면 눈높이를 낮추고 규모를 줄이는 창업을 시도해야 한다. 그래야 초기 창업자금을 줄일 수 있다. 사업장에 해당하는 점포는 초보자일수록 자신의 주력상품을 판매하기 쉬운 장소를 선정해야 한다. 그리고 선택한 업종 또는 아이템이 잘 판매될 수 있는 장소를 정해야 한다. 주변 상인들과 경쟁할 때 유리한 위치를 선점한다는 것은 영업실적 면에서 그만큼 유리하기 때문이다.

그러나 점포가 속한 상권이나 입지적 여건이 유리한 곳은 권리금이나 월임차료가 높기 마련이다. 넉넉하지 않은 창업자금으로 상권이 좋은 곳에 있는 점포를 계약하기에는 무리가 따른다. 상권이 좋으면 곧바로 성공으로 이어진다는 생각에 창업의 함정이 있다.

30대 초반의 원○○ 씨 부부는 창업자금이 부족하여 망원동 아파트상가에서 주꾸미전문점을 창업하면서 보증금 500만 원에 월 40만 원으로 비교적 부담이 덜한 점포에 들어갔다. 하지만 월 150만 원의 저조한 매출에 시달리다가 계약기간 전에 폐업을 하고 말았다.

실패의 주요 원인은 창업자금이 턱없이 부족해 형편에 맞게끔 창업을 준비하다 보니 입지적 여건을 고려하지 않은 탓이었다. 위약금과 시설비 1,000만 원을 고스란히 날렸다.

권리금과 보증금에 임차료가 점포 계약을 결정짓는 요소다. 임차보증금은 계약이 종료된 후에 건물주에게서 돌려받을 수 있지만 권리금은 그동안의 영업실적이나 계약내용에 따라 달라질 수 있다.

임차료는 수익구조적 측면을 고려할 때 예상매출의 10% 수준이면 무난하다. 음식업의 경우 임차료가 월 200만 원이라면 월매출은 2,000만 원을 기대할 수 있어야 수익창출이 가능하다.

좋은 상권을 판별하는 혜안을 가지고 점포의 가치부분을 잘 따져 거품 없는 가격에 계약하면 절반의 성공은 확보한 셈이다. 그러나 아무리 좋은 가치를 지닌 점포라도 빚을 많이 지게 되면 원리금 상환 부담에 경영압박을 받게 되어 실패로 이어지는 경우가 많다.

업종은 유행 업종을 찾기보다 장기적인 관점에서 선택하는 것이 좋다. 업종을 결정하기 전에 전체적인 밑그림을 그려봐야 한다. 돈을 벌겠다는 의욕만 앞서면 곤란하다. 실패했을 경우도 한 번 정도는 생각해보고 업종을 선정해야 한다.

업종선정이 어려우면 최소한 어떤 상품(유형 · 무형)을 어떤 고객에게(N세대, 1318세대, 20대, 30대, 40대 또는 남성, 여성 등) 어떤 장소에서 어떤 시간대(영업시간)에 어떤 영업방식으로 판매하고, 가격은 어느 정도를 받으며, 어떻게 해야 고객이 찾아올지 충분히 검토한 후 창업을 결정해야 한다. 즉, 목표(Target)고객이 분명해야 업종선정이 쉬워진다. 선택한 업종을 자신이 잘 이해할 수 있거나 열정을 다해서 할 수 있으면 무난하다.

업종선정에서 적성은 매우 중요하다. 창업의 목적이 '행복한 가정을 위해서', '제2의 직업창출을 위해서'라는 식으로 분명하다면 자기 적성에 맞는 업종을 선정해야 한다. 질 높은 삶은 자아계발과 그에 따른 성취감이 있을 때 더욱 빛을 발한다. 적성에 맞는 일은 그만큼 의욕을 느끼게 해준다. 의욕은 추진력을 낳고 추진력은 성공확률을 그만큼 높인다.

현재 시중에서 인기 있고 잘 팔리는 상품이라 할지라도 창업자 스스로 그 상품에 대한 지식이 부족하거나 창업자의 취미나 적성에 맞지 않는 아이템이라면 다른 업종을 찾아보는 것이 좋다. 오랜 직장생활 끝에 자영업이라는 새로운 직종에 적응하는 것 자체도 쉽지 않은데 품목이나 업종의 특성까지 처음부터 배워가며 적성을 새로 맞춰나가기는 매우 어렵기 때문이다.

위와 같이 자금, 업종, 사업장 세 요소를 철저하게 준비해놓으면 기본 경쟁력은 갖춰진 셈이다. 물론 고객들이 사업장에 좀더 쉽게 들어오고 분위기에 만족할 수 있도록 꾸미는 일은 더 고민해보아야 한다.

그리고 고객들이 좋아하는 상품이나 메뉴를 구성하는 일도 중요하며, 고객이 가치에 대해 만족할 수 있도록 가격정책도 잘 생각해야 한다. 이러한 일들이 창업자의 혼을 불어넣는 것이다. 경영철학, 마케팅전략, 고객과의 소통 등이 창업자의 혼에 해당한다. 창업은 살아 있는 생물체와 같으므로 늘 변하기 마련이다. 주변 상황이나 시대흐름에 따라 창업자의 갖가지 아이디어를 융합해 점포를 지속적으로 발전시켜나가야 한다.

06

소자본 창업과
정보수집 루트

회사라는 조직 안에서만 생활해온 직장인이나 가정이라는 테두리 안에서만 살아온 예비창업자들은 새로운 환경에서 삶의 터전을 마련하는 일인 만큼 '텃세'라는 말을 새겨볼 필요가 있다.

텃세는 먼저 장사하는 사람이 뒤에 들어오는 사람을 업신여기거나 횡포를 부리는 행위를 말한다. 정보가 부족하거나 준비가 소홀할수록 '바가지', '창업사기' 등에 휘말릴 공산이 크고 실패로 직결될 확률이 높다. 이러한 실수를 하지 않으려면 다양한 루트를 통해 창업정보를 숙지해야 한다.

최근 창업환경은 원가는 상승하는 데 비하여 점포마다 생존 자구책으로 가격인하 경쟁까지 벌이게 되는 어처구니없는 현실에 직면해 있다. 예비창업자들이 새로운 아이템을 개발하고 영업에 성공하였다 하더라도 더 좋은 아이템이나 모방 아이템, 저가격으로 무장한 다른 점포들이 '나도 역시(me too)' 전략으로 경쟁하려 할 것이다.

영원한 성공 아이템은 없는 법이므로 고객이 싫증나지 않게끔 새로운 아이템이나 서비스를 지속적으로 개발해야 한다. 인건비 절감과 계수관리를 철저히 하고, 이를 분석하여 매출을 늘리면서 효율적으로 경영할 수 있도록 항상 공부하며, 동종업계의 정보를 수집하는 노력을 게을리하지 말아야 한다.

성공 창업의 첫 번째 관문은 정보수집이다. 정보화시대에 정보가 남보다 늦다면 이는 바로 경쟁력 상실과 직결된다. '지피지기(知彼知己)면 백전백승(百戰百勝)'이라는 말처럼 소비자나 경쟁업체를 모르고 창업한다는 것은 실패하겠다는 것과 같다.

지금까지의 생활과 전혀 다른 새로운 분야인 창업에 도전하는 예비창업자들의 경우 정보가 부족하면 창업비용 과다지출로 이어질 수밖에 없다. 정보수집의 중요성을 깨닫고 효과적으로 대처하려면 먼저 수집방법을 찾아야 한다. 물론 다양한 방법이 있겠지만 여기에서 소개하려는 정보수집방법은 일곱 가지로 정리할 수 있다.

● 인터넷을 활용하라!

정보화시대를 살아가는 창업자에게 가장 큰 도움을 주는 것이 바로 인터넷이다. 인터넷의 생활화와 스마트폰의 보급으로 최신 정보를 공유할 수 있기 때문이다. 정부기관이나 산하기관에서 창업정보를 제공하고 있으며, 민간연구소에서 창업정보만을 다루는 전문 사이트가 100여 개 이상 개설되어 있어 각종 창업전문 정보가 봇물처럼 쏟아져 나오고 있다.

　인터넷에서 정보를 수집하는 방법은, 각 검색엔진에서 '창업', '외식업', '창업정보' 등의 키워드를 입력해 해당 분야의 필요한 전문정보를 검색하면 된다.

● 언론매체를 활용하라!

　신문, 방송, 전문잡지 등을 활용하는 방법이 있다. 신문이나 방송 등에서 창업뉴스가 빠지지 않고 나오고 있다. 언론매체마다 지정 날짜에 기사가 나오는 만큼 관심 있게 살펴볼 만한 기사들을 모니터하는 것이 필요하다. 잡지나 월간지, 경제 관련 주간지들의 경우 창업과 관련된 성공사례가 다양하게 실린다.

　이런 정보들은 기사화되기까지 어느 정도 검증과정을 거치기 때문에 객관적인 내용을 접할 수 있다. 하지만 정보가 한정되다 보니 창업보도를 주로 하는 언론매체를 선별해 살펴야 하는 어려움이 있다.

● 광고를 분석하라!

　체인본사마다 사업 확장이나 홍보를 위해 광고를 내는 경우가 많다. 이 광고들의 공통점은 최근 뜨는 업종광고라는 것이다. 따라서 광고를 자주 보면 창업시장의 흐름을 파악할 수 있다.

　그러나 광고는 광고주 처지에서 좋은 면만 홍보하기 때문에 정보를 수집하는 사람이 객관적인 시각으로 판단해야 하는 어려움이 따른다. 광고를 액면 그대로 믿고 창업하기에는 위험부담이 너무 크다.

● 전문서적을 정독하라!

일반적인 정보는 언론매체나 인터넷을 통해 쉽게 접근할 수 있으나 시장조사, 사업타당성, 아이템과 관련된 전문정보 등은 책을 통해 수집하고 공부하는 것이 가장 좋다. 때로는 여러 권을 구입해야 하기 때문에 경제적으로 부담이 될 수 있으므로 국공립도서관 등을 이용하는 것도 한 방법이다.

● 창업강좌에 열심히 다녀라!

정부기관이나 지자체, 민간 창업 관련업체 등 여러 곳에서 박람회나 창업설명회를 개최하는 경우가 많다. 창업 전 한두 번 이상 설명회나 강좌에 참여해 전문가의 강의를 듣는 것이 예비창업자에게 상당한 도움을 준다. 창업교육기관으로는 소상공인지원센터, 창업학교, 지방자치단체 등의 전문교육기관이 있다. 이들 기관에서는 대체로 무료나 실비로 강의를 들을 수 있다.

창업은 가족의 생계를 유지하기 위한 것인 만큼 개인적으로 판단하기보다는 전문가들의 의견을 참작하는 것이 창업에 따르는 실패요인을 줄일 수 있는 방법이다.

● 아는 사람의 도움을 받아라!

전문지식이 필요하지 않은 단순판매업의 경우 먼저 창업을 경험한 지인들이 큰 도움이 된다. 먼저 창업하면서 노하우를 익힌 만큼 비교적 정확한 정보와 현장의 생생한 정보를 그대로 전수받을 수 있다. 따라서 도움을 받을 수 있는 가까운 사람부터 도우미 목록에 올려야 한다.

● 전문컨설팅사의 도움을 받아라!

주변의 도움을 받기 어렵거나 전문지식이 부족할 경우 창업컨설팅사에 의뢰하는 것이 가장 효과적이다. 그러나 비용이 문제가 될 수 있다. 비교적 적지 않은 컨설팅 비용 때문에 고민이 될 수 있으나 창업비용의 거품을 제거하고 실패확률을 줄이는 가장 확실한 방법이다.

컨설팅업체들은 대부분 창업 관련 컨설팅을 한꺼번에 서비스하지만 후발업체들이 난립하면서 마케팅 전략, 브랜드네이밍, 프랜차이즈, 점포창업, 외식업, 소호 등 창업 분야별로 특화된 곳도 많다.

창업절차는 얼핏 보면 쉬운 것 같지만 실제로는 매우 어렵고 복잡하다. 때로는 예기치 못한 일이 일어나기도 하고 순서가 틀려 비용이 많이 지출되기도 한다. 사소한 것이라도 빠짐없이 순서대로 추진하는 것이 좋으며, 기본에 충실한 경영자가 실패하지 않는다는 점을 명심하고 항상 배우는 자세로 창업을 준비해야 한다.

07

SSM과 대형점포 속의
소형점포 창업방법은 따로 있다

　매장효율 제일주의는 성공의 관건이다. SSM(Super SuperMarket, 기업형 슈퍼마켓)의 골목상권 위협, 점포의 대형화 · 다양화 추세가 가속화되는 가운데 통신판매인 카테고리 킬러형 소형체인, 하이퍼마켓, 최고급형 전문점 체인 등 외국에서 성공을 거둔 신업태가 속속 출현하고 있다. 이로써 치열한 판매경쟁에 따른 가격파괴현상도 점점 심해지고 있다.

　이러한 창업환경을 증명이라도 하듯 동네마다 들어선 대형할인점과 대형식당으로 조그마한 점포와 식당은 설 자리가 없어졌다. 경쟁력이 떨어진 점포를 유지하고 있는 점주나 새로 창업하게 될 예비창업자들은 "어떤 아이템으로 창업할 것인가"에서 "어떤 방법으로 창업할 것인가"로 사고를 바꾸어야 한다. 소형점포는 대형

점포와 다른 방식으로 차별화해야 생존할 수 있기 때문이다.

● 대형점포의 틈새를 찾아라

소형점포로 지역상권에서 창업하려는 예비창업자는 반드시 인근에 대형점포나 할인점이 있는지 파악하고 그 틈새를 찾아야만 성공할 수 있다. 대형점포와 같은 경영전략으로 경쟁하려고 한다면 창업을 포기하는 것이 낫다.

대형점포의 틈새에서 소점포를 성공적으로 창업하려면 우선 창업 전 단계에서부터 아이템·지역에 맞는 영업전략을 세워야 한다. 고객이 대형점포를 찾는 이유를 살펴보면 상품이 다양하고 가격이 저렴하며 쇼핑이 편리하기 때문이다. 대형음식점의 경우 음식 맛이 좋고, 주차하기 쉬우며, 음식재료를 믿을 수 있다는 것 등을 장점으로 꼽을 수 있으나 여기에도 약점은 있다.

● 성장기 상품판매에 주력하라

성숙기 상품은 가격경쟁이 심하고 마진폭도 적기 때문에 피해야 한다. 소형점포의 경우 대형점포와 달리 목표고객이 분명해야 하므로 불특정다수를 위한 만물상 형태의 창업은 배제해야 한다.

취급 품목이 많으면 많을수록 재고상품도 많아지게 마련이다. 또한 대형점포를 이용하는 고객은 다양한 품목을 구매하기 때문에 운반하기 불편한 무거운 상품이나 부피가 크고 금액이 낮은 상품은 구매를 기피할 수 있다. 따라서 소형점포는 운반이 어려운 상품이나 보관이 어려운 상품 또는 시장규모가 작은 상품을 선택하는 것이 좋다.

이런 틈새를 찾아서 품질·색상·브랜드·사이즈 등 한 가지 상품으로 아이템을 확대한다거나 식료품점의 경우 신선도가 중시되는 상품들 중 한 가지 품목을 선정해서 그 종류와 수량을 풍부하게 구비하는 것이 좋다.

허가가 있어야 취급할 수 있는 상품은 허가를 얻은 뒤 한 가지라도 그 지역에서 잘 팔리는 상품이 되도록 전문점으로 만드는 전략이 필요하다. 이때 소형점포는 구색 맞추기에만 급급해서는 안 된다. 여러 상품을 취급하는 점포는 많지만 정작 사고 싶은 상품을 파는 점포는 없는 경우가 많다. 무엇을 누구에게 팔지 충분히 고려하지 않은 결과다.

● **운영전략**

소형점포를 운영하는 점주는 큰 꿈을 꾸기보다는 작은 지역상권에서 제일 잘되는 점포를 꿈꾸어야 한다. 즉 지역상권에서 매장 효율 제일주의를 표방해야 한다. 상품선택에 신중을 기해 소비자에게 그 지역에서 매출이 가장 높은 점포로 인식될 수 있도록 노력해야 한다.

자기점포의 경영능력을 파악하고 경쟁점포와의 역학관계를 고려해 주력상품의 성격 등을 분석한 뒤 중점 공략지역과 영업범위를 결정해 그 지역에서 제일가는 점포를 지향해야 한다.

소형점포 창업은 상품의 수를 최대한 적게 하고 업종을 집약하는 것이 중요하다. 또한 경쟁상대가 많은 대도시는 상품의 수를 최소화하고, 경쟁상대가 적은 지방도시는 상품 품목을 조금씩 늘려가는 것이 올바른 창업방법이다.

● **홍보전략**

어떤 고객층을 상대할지 먼저 결정하면 자연스럽게 인테리어나 점포구성이 결정된다. 소형전문점의 경우 고객층부터 먼저 결정하는 것이 중요하다. 그리고 판매를 위한 전단을 돌리는 경우에도 광범위한 지역에 걸쳐 신문지 삽입 등 무차별로 돌리는 것보다는 특정지역에만 직접 전달하는 방법 등을 이용하는 것이 바람직하다.

소형점포의 판매전략은 반경 500m 이내의 1차상권이 공략대상이다. 소형점포는 유망 아이템보다는 점주의 영업능력이 성공을 좌우한다. 결국 소형점포는 광고에 의존하기보다는 소비자에게 직접 판매하는 방법을 선호하고, 소비자와 인간관계를 유지해 구전으로 홍보하며, 자기점포를 찾아올 수밖에 없는 고정고객 확보에 최선을 다해야 한다.

창업 전 고려사항

인터넷이 주도하는 스마트시대에는 점포창업도 신선하고 창조적인 아이디어로 무장하지 않으면 소비자의 눈길을 끌 수 없다. 창업을 위해 기본적인 구상을 할 때 필수적으로 생각해야 할 창업 전 고려사항 일곱 가지를 제시한다.

■ 주력상품(what)

고객에게 무엇을 팔지 생각해야 한다. 어떤 상품을 선정해야 고객에게 잘 팔리고 자신이 잘 소화해낼 수 있을지 판단해야 한다. 유행을 타는 업종보다는 자기 성격에 맞거나 전문성 또는 경험이 있는 업종을 선택하는 것이 유리하다.

■ 내점동기(why)

어떤 고객이 점포를 찾아올지 고려해야 한다. 이는 차별화 전략을 세우는 시발점이 된다. 가령 가격이 저렴해서, 주변에 물건을 살 만한 곳이 없어서, 서비스가 뛰어나서, 주인과 친해서, 시설이 마음에 들어서, 상품구색이 다양해서 등의 이유를 먼저 생각해보아야 한다. 창업자들은 가격이 저렴하고 상품의 질이 좋으면 손님이 무한정 찾아올 것이라고 착각하는 경우가 많다.

■ 목표고객(who) 설정

소자본 창업이니 만큼 백화점처럼 모든 상품을 진열하고 모든 계층의 고객을 상대한다는 것은 무리다. 이는 고객을 전혀 배려하지 않는 행위로, 비생산적이다. 소점포일수록 전문성이 있어야 한다. 어떤 고객층을 상대로 영업할지 고려해야 한다. 젊은 신세대를 대상으로 판매할지 장년층을 대상으로 판매할지, 남성ㆍ여성ㆍ주부ㆍ노인 등을 대상으로 할지 목표고객을 명확하게 설정해야 한다.

■ 영업시간(when) 설정

주고객이 찾아오는 시간대를 생각해야 한다. 점포 문만 오래 열어놓는다고 해서 많이 팔 수 있는 것은 아니다. 모든 지역이 사람들이 많이 다니는 시간이 있고 소비하는 시간이 따로 있기 때문이다. 출근시간에는 사람들이 많이 통행하지만 구매 또는 소비는 하지 않는 것처럼 주로 소비하는 시간이 정해져 있다.

■ 개점입지(where) 선정

주력상품을 판매하기 쉬운 장소를 선정해야 한다. 선택한 업종 또는 아이템이 잘 판매될 수 있는 장소를 정해야 한다. 상품을 구매하게 될 예상고객이 충분히 잠재해야 한다. 잠재고객을 파악하기 위해 통행인구수, 배후지역의 인구수, 라이프사이클, 연령, 소득수준을 조사해야 한다. 통행인구수와 배후지역의 인구수는 점포 매출을 결정짓는 중요한 요소가 된다.

■ 판매방식(how) 결정

상품과 서비스의 질을 고려한 판매방식을 결정해야 한다. 잠재고객의 생활수준이나 소비습관ㆍ소비행태 등을 고려해 어떤 판매방식이나 관련 서비스를 제공할지 고려해야 한다. 이는 점포 차별화를 위한 기본전략을 세우는 데 중요한 역할을 한다.

■ 가격(how much) 책정

위와 같은 모든 조건이 결정된 후 최종적으로 판매가격을 책정해야 한다. 내 점포에서 어떤 상품을 얼마에 판매할지 고려해야 하는 것이다. 가격을 결정하는 기준은 원가기준ㆍ경쟁기준ㆍ수요기준으로 나눌 수 있다. 원가기준에 따른 가격결정은 단순히 상품의 원가에 적당한 마진을 감안하여 정하는 것이다. 경쟁기준은 경쟁점포의 가격을 고려하여 정하는 방식이다. 수요기준은 소비자 수용가격에 따라 가격을 정하는 것으로 최근 들어 가장 중요시되는 방법이다. 소비자 수용가격을 파악한 후 이 수용가격을 기준으로 판매가를 정하고 목표원가를 정한 다음 그 목표원가에 맞추기 위한 원가절감 방안을 찾는 것이 가장 바람직한 가격결정 방식이라고 할 수 있다.

08

소자본 창업의 목표수익은
어떻게 정하나

　창업시장에서도 심화된 부익부빈익빈 현상으로 대형점과 유명 프랜차이즈만 호황을 누리고 있으며, 기존의 골목상권과 재래시장 등지의 소자본 창업자들은 영업부진으로 상대적 박탈감만 커지고 있다. 이런 상황에서 소자본으로 창업을 준비해야 하는 사람들은 어떤 업종이 사업성이 있는지 판단하기 어렵다.

　뜻하지 않게 실직을 하게 되어 창업을 준비하거나 취업과 창업의 갈림길에서 망설이다가 창업을 준비하기도 한다. 때로는 가정에서 가사에만 전념하다가 창업전선으로 내몰리기도 한다. 이때 창업인지 취업인지 1차적 목표를 먼저 정해야 한다. 창업을 준비하다 보면 어떤 업종이 좋은지부터 점포창업 또는 무점포창업 등 여러 가지로 자기 환경에 맞는 진로를 결정해야 하는 경우가 있다.

이때 막연하게 돈이 잘 벌릴 것 같은 업종으로 기울지 말고 자기 목표를 정확하게 설정하고 창업에 도전해야 한다.

소자본 창업을 준비할 때 유행하는 업종을 찾기보다는 장기적 관점에서 선정하는 것이 좋다. 돈을 벌겠다는 의욕만 앞서 있으면 안 된다. 실패할 수도 있다는 것을 염두에 두고 업종을 선정해야 한다. 최소한 어떤 상품을, 어떤 고객에게, 어떤 장소에서, 어떤 시간대에, 어떤 방법으로, 얼마에 팔지를 충분히 검토한 다음 창업을 결정해야 한다.

● 목표수익을 분명히 설정하라

흔히 사업가는 미래를 바라보는 눈이 있어야 한다고 말한다. 즉, 안목과 결단력이 있어야 하는 것이다. 그러나 결단력 이전에 사업 준비를 충분히 해야 한다. 창업을 망설이는 가장 큰 이유는 '창업으로 과연 성공할 수 있을까' 하는 불안감 때문이다.

소자본 창업자는 생계유지나 일자리 창출이 목적인 만큼 최소 생계비 창출을 감안한 목표수익을 설정하는 것이 중요하다. 수익률은 투자자금 대비이므로 아무리 수익률이 높다 하더라도 생계비 창출이 어려우면 도전하기가 어렵다. 다다익선, 즉 이익은 많으면 많을수록 좋다. 그러나 실현불가능한 수익을 목표로 설정하는 과오를 범할 경우 의욕만 앞서고 성과는 나지 않는다. 상권분석, 자신의 역량, 점포의 역량 등을 냉철하게 따져보고 실현가능한 목표수익을 설정하는 것이 좋다.

● 사업성을 생각해보라

자신이 투자한 자본에서 어느 정도 이상 수익을 얻었을 때 '사업성이 있다'고 말한다. 이러한 사업성을 재무 · 회계 용어로는 '투자수익률'이라고 한다. 투자수익을 측정하는 요소 중 중요한 세 가지는 수익성, 성장성, 안정성이다.

예비창업자들이 주먹구구식으로 '유동인구가 많으니까 돈을 벌 수 있을 것이다' 또는 '아이템이 좋으니까 돈을 벌 수 있을 것이다'라는 막연한 추측만으로 창업을 준비하는 것은 자살행위에 가깝다.

고객이 많은 점포라도 사업성이 부족해 적자를 면치 못하는 업소도 많다는 점을 간과해서는 안 된다. 창업을 하면 처음부터 수익이 생기는 경우는 드물다. 모든 기업은 손익분기점에 도달할 때까지 시간이 필요하다. 소규모점포도 3~4개월은 순익이 나지 않는게 일반적이다. 여기에 생활비, 대출금 이자상환까지 염두에 두어야 한다.

09

수익률 3% 이상,
투자금 3년 이내 환수가 관건!

'수익성'이란 사업에서 얻는 이익의 상태를 말한다. 인체에 비유하면 영양적 측면이라 할 수 있다. 투자한 금액이 이익을 얼마만큼 창출해내는지에 관해 따지는 것이다. 1억 원 미만의 소자본 창업에서는 월 3% 수익률을 최소 기대수익으로 잡아야 한다. 연간 36% 수익일 경우 3년이면 투자금을 회수할 수 있다는 결론이다. 물론 수익금 전액을 저축했을 경우 그렇다.

수익성 판단 척도는 은행 정기예금 이자율과 비교해 판단하면 된다. 업종을 선택하고 투자하는 것도 결국 금융상품에 투자하는 것과 마찬가지다. 총투자액은 점포보증금, 권리금 등 고정비용에 인테리어비용, 초도상품비, 홍보비 등 개발비용을 합한 금액이다. 순이익은 매출액에서 원가를 뺀 매출이익에서 다시 인건비, 임대료 등 각종 경비를 뺀 금액이다.

이를 분류하면 고정비와 변동비로 나눌 수 있다. 고정비에는 인건비와 월세, 시설비의 감가상각비, 보증금과 권리금에 대한 은행이자금액, 각종 공과금이 포함된다. 변동비에는 매출 증감에 따라 변하는 재료비나 인건비 등이 포함된다. 변동비 중 재료비는 장사가 잘되면 증가하지만 고정비는 매출이 감소하더라도 일정하게 지출된다.

따라서 수익을 높이려면 고정비 지출을 최소화하는 것이 가장 바람직하다. 초기 창업비용을 최소화하고 인력을 적정하게 배치하는 것만이 최선의 방법이다. 이 때문에 소자본 창업은 '인건비 따먹기'라고도 표현한다.

● 안정적으로 운영하려면 자기자본비율을 높게

안정성이란 지금 갖고 있는 돈이 얼마인지 경영의 건강척도를 따지는 것으로 '자기자본비율'을 말한다. 경기가 호황일 때는 공급보다는 수요가 우세하므로 성장일변도 판매정책을 시도하게 된다. 따라서 총가용자본의 30% 정도를 대출에 의존해 창업해도 별무리가 없다. 그러나 장기불황기에는 빚을 내어 창업하면 곧바로 원리금 상환 등에 따라 자금 압박으로 이어질 확률이 높다.

불황기에는 가급적 자기자본 위주로 투자하는 것이 좋다. 일부 대출이 있더라도 자기자본비율을 80% 이상으로 끌어올려 창업하는 것이 안전하다. 자기자본비율이 낮고 예비비가 부족한 상태에서 매출이 떨어지면 마음이 조급해져 고객 서비스의 질이 떨어지고, 매출 부진의 악순환으로 이어지기가 쉽기 때문이다.

일단은 자기자본으로 창업을 하고 손익분기점까지의 운영자금으로 가능하면 20% 정도 예비비를 남겨두는 것이 불황기의 안전 창업 방법이다.

● 창업 초기에는 매출증대, 안정기에는 비용절감으로 저성장을

성장성이란 사업의 규모와 발전의 상태를 나타내는 것이다. 일반적으로 경영자본의 회전율인 매상자본이 1.5배 정도 이루어질 때 균형 잡힌 성장성을 지녔다고 판단한다. 매출이 늘어날수록 고정비가 줄어들게 되며, 종업원이 제 몫을 해낼 때 성장성이 높아지기 마련이다.

종업원을 적정하게 배치하려면 업종에 따라 차이가 있지만 1인당 연간매출이 5,000만 원 이상은 되어야 한다. 사업 방향을 호황기에는 매출증대 쪽으로 잡아야 하지만, 불황기에는 매출증대보다는 지출비용을 절감하는 쪽으로 잡아야 한다. 결론적으로 말하면, 창업 전 사업성 판단은 점포개설 후 수익률 3% 이상, 투자금 3년 이내 환수가 관건이다.

10

대박을 일궈내는
소자본 창업자들의 철학

　자영업창업을 준비하는 사람이라면 누구나 고객들이 문전성시를 이루는 가게가 되기를 꿈꿀 것이다. 문전성시를 이루는 가게의 숨은 비결은 무엇일까? 왜 손님들이 몰려드는지 파악하기 위해 창업에 관심이 많은 사람들은 대박가게를 탐방하고 성공요인을 분석한다. 식당의 경우 특별한 맛, 홍보마케팅, 서비스, 인테리어, 직원관리, 가격, 입지 여건, 창업자의 인생철학 등 다양한 요소를 발견하기도 한다.

　많은 창업자가 성공요인을 분석해 자기사업에 그 비결을 접목해보지만 현실은 그리 녹록지 않다. 성공에 대한 열망이 강한 나머지 숨은 비결을 간과했기 때문이다. 수많은 시행착오를 개선해본 경험과 숙련도, 고도의 기획, 내면적인 영업실적 등의 요인을 눈여겨 살펴봐야 한다.

 사례 1
준비되지 않으면 영업을 하지 마라!

서울 성동구 행당동 1층 점포 93㎡(28평)에서 테이블 11개를 두고 만두전빵을 운영하는 유오근(49) 사장은 만둣국과 냉면을 주요 메뉴로 제공하고 있다. 주택가 입구의 열악한 입지조건에도 이 가게를 방문하는 고객들은 매일 11시 30분이면 줄을 서기 시작한다.

만두와 관련된 스토리 구성, 만두 빚는 모습 연출, 깔끔한 인테리어 등 차별화 포인트가 많지만 그중에서도 영업시간은 오전 11시 30분부터 저녁 9시까지라는 원칙을 철저히 지킨다는 점이 돋보인다.

물론 11시 30분 이전에 손님이 매장에 도착해도 손님을 맞을 준비가 될 때까지 대기장소에서 기다려야 한다. 이제는 고객들도 대기표를 받고 줄을 서서 기다리는 데 익숙해져 있다. 이 점포의 한 달 매출은 5,000만 원을 웃돈다.

문전성시를 이루는 집에는 맛의 전문성과 합리적 가격책정 같은 기본 사항은 물론 눈에 보이지 않는 비결이 반드시 있다. 영업시간 전에 매장 안으로 안내할 수도 있겠지만 '준비되지 않으면 손님을 맞이하지 않겠다'는 유 사장의 경영철학은 대박의

밑거름으로 평가할 수 있다.

　다른 고객들이 기다리기 때문에 나도 기다린다는 심리적 요소를 최대한 활용, 고객들이 줄을 서는 연출 효과도 엿보인다. 요즘같이 경기가 어려운 때 고객들이 기다리다 지쳐 다른 매장으로 발길을 돌린다면 주인으로서는 매우 안타까울 수밖에 없다.

　그러나 돌아가는 고객들도 다른 업소에 가서 다른 음식으로 대체할 경우 만족하지 못할 게 뻔하다. 이에 대한 후회는 곧바로 구전홍보로 이어지고 이 손님은 기어코 재방문할 확률이 높아진다. 심리적 효과를 노리는 고도의 장사기술인 셈이다.

---

① 만두, 냉면전문점

경기를 비교적 덜 타는 업종인 만두전문점은 전국에서 1만 7,012개(2014년 11월 기준) 업소가 운영되고 있다. 만두는 속에 넣는 재료에 따라 갖가지 맛을 낼 수 있는 데다 조리방법에 따라서도 새로운 맛이 창출되는, 변신에 능한 음식이다. 만두점의 생명은 맛이므로 기계로 빚는 만두보다는 손으로 빚는 만두가 경쟁력이 있다. 주력메뉴는 만두전골, 냉면, 개성만두, 부추만두, 만둣국, 녹두전 등이다. 점포구입비를 제외한 창업비용은 66㎡(20평) 기준으로 6,000만 원선이다. 적합상권은 주부들의 활동이 잦은 대단위 아파트 밀집 상업지구, 주택 밀집가 이면도로, 대학가 상권, 오피스 밀집가, 먹자블록 등이 유리하다. 〈업종문의: 만두전빵, 02-2292-6882〉

주력상품이 아니면 한 가지 정도는 버려라!

서초구 방배동 한적한 이면도로 지하에서 면적 87㎡(26평) 규모의 '소공동뚝배기'를 운영하고 있는 우연경(37) 사장은 창업한 지 2년 만에 지하층의 어려움을 극복하고 대박집으로 변신하였다.

우 사장의 하루 매출은 평균 260만 원이고 하루 이용객은 400여 명이 훨씬 넘는다. 일반적으로 대형건물이 아닌 경우 지하층은 식당업으로 부적격한 입지조건이다. 그런데도 대박집으로 변신한 배경을 살펴보면 점주의 경영철학이 빛을 발하고 있다.

손님들이 잘 보이는 곳인 카운터에는 점훈 '아끼면 망한다'는 문구가 걸려 있고 이를 실천하는 모습이 요소요소에서 발견된다. 메뉴가격도 대부분 4,900원에서 5,900원이다. 가격이 저렴해도 맛이 고가의 다른 업소에 비해 손색이 없다.

또한 맥주나 소주 가격이 1,500원으로 동네 슈퍼가격에도 못 미친다. 식당은 음식에 주력하고 술값은 원가만 받겠다는 전략을 구사하고 있다. "그래도 심부름 값 정도는 남아요!"라는 한마디가 우 사장의 후덕한 인심이 담겨 있는 경영철학을 느끼게 해준다. 박리다매의 전형적인 장사방법을 구사하고 있는 것이다.

고객의 행복이 내 행복!

조옥경 사장은 속초에서 쌈밥전문점 '행복식당'을 운영하고 있다. 개업 초기 이 식당은 월매출이 900만 원이었지만 고객서비스 개선으로 단숨에 월 2,000만 원 이상으로 늘어났다. 조 사장은 "정직하게 팔아 정직한 이윤을 남기겠다"는 모토를 매장 곳곳에 걸어둘 정도로 식재료 품질과 서비스로 경쟁을 했다. 소비자들에게 점주의 사업철학을 이해시키고 신뢰를 얻은 결과였다.

고객에게 100번 잘해도 한 번 실수하면 남는 것이 없다는 뜻으로 '100-1=0'을 사훈으로 삼고 있다. 고객은 '큰 것'에서 감동을 받는 게 아니라 눈앞의 사소한 일에서 감동을 받음을 깨달은 데다 한 번의 고객 서비스 실수가 100번의 잘한 행동을 '0'으로 만든다는 점주의 사업철학과 실천이 고객을 감동시켰기 때문이다.

직원들을 대상으로 사업철학을 이해시키면서 도입한 성과급제도도 효력을 발휘하고 있다. 점포 신뢰도를 높이기 위해 맛, 친절, 청결 등 기본을 지키는 점포가 되도록 노력하는 조 사장은 고객의 행복(이익)을 내 행복으로 생각하고 있다.

② 한식업

일반적으로 직장인의 식사, 가족 외식 등 주류보다는 식사를 위주로 영업하는 업종. 업종 특징에는 된장, 고추장, 김치 등이 포함되며 식재에 따라 탕, 찌개, 국, 찜 등으로 조리되어 제공된다. 국적요리와 주점형태를 제외하면 모든 음식점이 한식에 해당되나 일반적으로 한정식, 백반전문점을 지칭한다. 설렁탕, 삼계탕, 분식, 해물찜, 순댓국, 보쌈 등 업종세분화가 뚜렷한 업종을 제외하고 구분이 모호한 기타 한식 모두를 한식업이라고도 한다.
한식업은 2015년 1월 현재 전국에서 19만 6,662업체가 영업을 하고 있다. 적정입지는 직장인들의 왕래가 잦은 사무실 밀집지역과 식당가 주변이 좋다. 점포구입비를 제외한 창업비용은 66㎡(20평) 기준 5,000만 원선이면 창업이 가능하다.

모든 소자본 창업자가 창업을 시도할 때 박리다매 전술을 선호한다. 박리다매를 할 경우 식자재를 대량 구매할 수 있기 때문에 원가를 낮출 수 있고, 인력을 효율적으로 운용할 수 있다. 또한 요리를 반복적으로 함으로써 시간이 단축되어 서비스를 신속하게 할 수 있다. 다양한 고객의 욕구를 반영한 맛에 대한 노하우가 빨리 형성되는 장점도 있다.

창업자들의 최종 목표는 수익성이기 때문에 어느 정도 고객이 확보되면 눈에 보이지 않게 가격을 올리게 되는 경우가 많다. 이럴 경우 고객들도 눈에 보이지 않게 줄어든다는 것을 알아야 한다.

사람들에게도 저마다 다른 인격이 있듯이 점포에도 품격이 있다. 우리 가게는 손님들에게 어떤 이미지로 표현될지 한번쯤 생각해보아야 한다. 지역명소로 태어나기 위해서 경영주의 철학으로 점포에 생명력을 불어넣어 주어야 한다. 장사가 단순하게 상품을 판매하는 것이라면 경영은 창업자의 혼이 담겨 있는 사업이라고 할 수 있다.

11

소자본 창업 차별화는
지피지기로부터

평생직장 개념이 사라지고 베이비부머의 창업시장 진출이 본격화되고 있는 자영업시장은 한마디로 과잉공급에 치열한 생존경쟁의 게임을 벌이고 있다. 과잉공급은 사업 부진으로 이어져 가계부채 증가와 생계불안을 초래하고 폐업을 양산한다.

그럼에도 재취업에 실패해 어쩔 수 없이 창업시장에 뛰어드는 퇴직자들은 과잉공급의 늪에서 발버둥치다 퇴출당하고, 또 다른 베이비부머가 그 자리를 채우는 악순환이 이어지고 있다.

장밋빛 꿈에 부풀어 시도한 창업으로 말미암아 빈곤층으로 내몰리는 사람들을 주위에서 많이 본다. 이런 위기는 자영업자 자신의 부주의만으로 발생하지 않는다는 데 문제가 있다. 경제구조적 모순에 따른 것이란 얘기다.

통계청에 따르면 자영업 창업의 1년 생존율은 70%, 3년 생존율은 45%에 불과하다. 베이비부머 세대가 자영업시장에 합류하면서 상황이 더 나빠지고 있다. 차별화가 반드시 필요한 시점이다. 그러나 차별화는 특별한 아이디어나 새로운 어떤 것을 요구하지 않는다. 다만 주변 경쟁업소에 비해 조금만 뛰어난 무엇인가를 연출한다면 성공가능성은 높다. 고객은 전국에서 최고 업소를 원하는 것이 아니라 우리 동네에서 최고 업소를 원하기 때문이다.

 사례 1

실패를 거울삼아 일궈낸 성공

자영업에서 사업 실패는 누구에게나 닥칠 수 있다. 흔히 실패는 성공의 어머니라고 하지만 당사자들은 대부분 좌절부터 한다. 재기할 발판이 마땅찮은 데다 시간이 오래 걸리기 때문이다. 실패의 교훈과 경험을 살려 재도전해 성공한다는 것은 낙타가 바늘구멍을 통과하는 것만큼이나 힘든 일이다.

경기도 부천시 상동에서 117㎡(35평) 규모의 '오징어천국'을 운영하는 김호영(36) 사장은 창업한 지 1년이 조금 지났다. 현재 테이블 24개를 두고 월평균 6,000만 원의 매출을 올리고 있다. 인테리어와 집기구매로 8,000만 원, 권리금으로 6,000만 원, 보증금으로 6,000만 원 등 약 2억 원이 창업비로 들었다.

월세는 380만 원 수준이며 주방 3명, 홀 2명으로 총 5명이 오후 5시부터 새벽 5시까지 일한다. 하루 평균 200만 원을 상회하는 매출로, 월매출 6,000만 원 중 재료비와 인건비 900만 원 등을 제하면 순이익은 1,500만 원 이상이다.

권리금 때문에 점포구입비가 예상보다 많이 들었다. 주변에 유사한 업종은 있지만 대부분 시설이 노후화되어 있고, 서비스 수준이 생각보다 낮은 것으로 판단되었다. 심플한 분위기로 손님들 부담감을 덜어주고 저렴한 가격에 친절한 서비스로 접근한다면 충분히 승산이 있다고 판단했다.

김 사장은 1년 만에 직영점 2개, 가맹점 6개를 운영하고 있으며 창업자들의 문의가 많아 연말까지 20개로 늘리는 데 무리가 없다고 한다.

이런 김 사장도 쓰라린 실패 경험이 있다. 그는 부천역 부근에서 165㎡(50평) 규모의 호프집을 운영한 적이 있다. 어렵사리 모은 돈으로 창업했지만 1년 만에 투자원금과 빌린 돈을 합쳐 4억 원을 손해보고 문을 닫았다. 재기하기 위해 옷장사, 대리운전 등 닥치는 대로 일했다. 8년의 와신상담 끝에 다시 도전한 업종이 지금의 '오징어천국'이다.

창업에 재도전하면서 손님들이 매장에 자연스럽게 들어올 수 있도록 심플한 인테리어로 소박한 분위기를 연출했다. 메뉴 가격은 팍팍한 호주머니 사정을 감안해 1만 원대로 책정했다.

음식은 고급 그릇에 담아 품위 있게 제공했다. 직원 교육을 통해 과잉이라는 소리를 들을 정도로 친절 공세를 폈다. 이런 것들이 어우러져 짧은 기간에 대박가게로 자리매김했다.

그는 여기에 만족하지 않고 메뉴 구성에 힘을 기울였다. 산오징어회, 물회 등의 기본 메뉴를 비롯해 오징어통찜, 오징어탕수육, 오징어내장탕, 짬뽕탕, 연포탕, 회덮밥 등 30여 가지 오징어 관련 메뉴를 개발했다. 손님으로서는 선택의 폭이 훨씬 넓어진 것이다.

사업의 목적은 상품이나 서비스를 팔아 이윤을 남기는 데 있으므로 반드시 수익을 낼 수 있어야 한다. 실패를 되풀이하지 않으려면 공급과잉의 자영업시장에서 시장상황이나 경기변동에 쉽게 흔들리지 않는 튼튼한 사업구조를 갖춰야 한다. 성공의 첫 단추는 고객의 마음을 헤아리는 일이라는 사실을 명심해야 한다.

③ 수산물전문점

회센터로 광어, 우럭, 돔, 산낙지, 산오징어, 어패류 등의 수산물과 해산물을 요리와 함께 제공하는 형태의 음식점이다. 건강을 중시하는 현대인의 입맛에 맞는 저렴하고 싱싱한 회를 즐길 수 있도록 하여 기존의 비싼 생선회를 대체할 수 있는 대표적 업종이다. 수산물전문점은 2015년 1월 현재 전국에서 2만 3,191업체가 영업을 하고 있다. 적정입지는 직장인의 왕래가 잦은 사무실 밀집지역, 지하철역세권, 대단위 아파트 밀집지역, 먹자골목 상권 등이다. 점포구입비를 제외한 창업비용은 82㎡(25평) 기준 8,000만 원선이면 된다.

'실버창업'으로 노후준비

베이비부머 세대가 자영업에 나서는 것을 '시니어창업'이라고 표현한다면 60대 이상의 나이에 창업에 도전하는 경우를 '실버창업'이라고 한다. 실버창업은 업종선정이 매우 제한적이다.

실버세대들은 창업이 위험요소가 많고 어렵다고 판단해 취업으로 발길을 돌려보지만 양질의 일자리 찾기는 하늘의 별을 따는 것만큼 힘든 실정이다. 고령에 창업을 시도해 인생을 반전시킨 실버창업 사례도 있다.

서울 번동 강북경찰서 정문 앞 1층 매장에서 52㎡(16평) 규모의 '치킨주막'을 운영하는 강명성(67) 사장은 창업한 지 4년 됐다. 그는 매장 안에 테이블 15개를 두고 오후 4시부터 새벽 4시까지 12시간 영업하면서 월평균 3,000만 원의 매출을 올리고 있다. 인건비 300만 원과 임차료 200만 원, 식재료비 등을 제외하면 매달 1,000만 원 이상 꼬박꼬박 수익을 챙기고 있다.

물론 처음부터 장사가 잘됐던 것은 아니다. 개업 첫 달을 제외하고는 창업초기 매출이 하루 20만 원 정도로 적자운영을 면치 못했다. 수익을 창출하기 위해 재료를 아끼는 한편, 종업원 없이 부부가 열심히 홀과 주방에서 일했지만 그 결과 육체적으로 더 고달파지고 손님은 점점 더 줄어들었다.

강 사장은 우연히 들른 한 식당에서 5,000원짜리 식사를 주문하면 밑반찬이 여러 가지 나오는데, 주점에서는 '왜 팝콘 같은 기본안주밖에 나오지 않을까' 하는 생각이 문득 들었다. 고민 끝에 오뎅탕, 과일, 조랭이떡튀김, 감자전, 샐러드, 팝콘 등으로 기본 상차림을 갖췄더니 단시일 내에 단골도 생기고 하루 매출이 120만 원 수준으로 뛰어올랐다.

강 사장 가게가 있는 상권은 수유대로변에서 약 100m 떨어진 이면도로로 유동인구가 많은 편이 아니며, 저녁이면 비교적 한적한 곳이다. 작은 매장에서 놀라운 영업실적을 낸 것은 원가가 다소 올라가더라도 "술과 안주를 판다는 생각을 버리고 푸짐한 인심을 팔겠다"는 마인드로 바꿨기 때문에 가능한 일이었다.

실버세대가 창업할 경우 유의해야 할 점은 노동의 강도를 줄여야 한다는 것이다. 자영업은 하루 12시간 이상 노동이 필요하기 때문에 아르바이트생이나 종업원을 더 고용하더라도 체력 안배에 최선을 다해야 한다.

수익을 생각하다가 건강을 잃으면 모든 것을 다 잃는다. 고객 응대에서도 손님들과 소통하는 데 어려움이 따르게 마련이다. 이를 극복하려면 유니폼 착용은 필수다. 유니폼을 입는 것은 고객을 정성껏 모시겠다는 의사표현이다. 손님으로서도 점주가 유니폼을 입고 있으면 나이에 대한 부담감이 줄어 대하기 편해지는 이점이 있다.

④ 치킨전문점

치킨전문점은 통닭튀김, 프라이드치킨, 양념치킨, 숯불바비큐 등 치킨을 다양한 조리법에 따라 제공하는 업종이다. 2014년 10월 기준 전국에서 4만 3,395개 업소가 운영되고 있으며 200여 브랜드가 난립하고 있는 업종이다. 치킨점은 상권 특성에 따라 주문 배달형 점포와 주점형 매장에서 포장판매하는 방식이 있다. 주점형 매장에서는 치킨요리와 함께 다양한 안주요리도 제공한다. 입지조건은 배달형 점포의 경우 아파트 밀집가, 주택 밀집가 등의 상권이면 적합하고 주점형 매장은 직장인이 많이 상주하는 오피스 밀집가, 먹자블록 등의 상권이 유리하다. 적정면적은 배달형은 33㎡(10평) 미만, 매장형은 66㎡(60평) 이상이 적합하다. 점포구입비를 제외한 창업비용은 6,000~8,000만 원선이면 창업이 가능하다.
〈업종문의: BBQ 02-3403-9033/ 교촌치킨 031-371-3544/ 치킨주막 02-969-8255〉

 사례 3

소자본으로 대학가 상권에서 '알뜰창업'을 해서 소기의 성과 이뤄

베이비부머 세대가 퇴직 후 생계수단으로 어쩔 수 없이 창업 시장에 뛰어들고 있다. 창업경험 없이 한정된 자본으로 창업에 뛰어들면 실패는 예정된 일이나 마찬가지다. 평균 사업체 존속 기간은 3년 미만이다. 누구나 3년 이내에 망할 수 있는 환경이다. 이를 극복하려면 경제원칙인 최대효과, 최소비용을 적용해야 한다.

동일한 비용으로 최대성과를 낼 수 있는 가치를 지닌 점포를 구하는 일, 생계비 창출이라는 목적을 최소비용으로 달성하는 일에서 출발하는 것이다.

창업을 준비하면서 점포를 찾아본 사람이라면 점포 구하기가 쉽지 않다는 것을 알게 될 것이다. 상권이 조금 좋다고 하는 지역은 권리금이 최하 5,000만 원에 형성돼 있다. 시장조사를 더 해보면 너무 터무니없는 금액에 스스로 놀랄 때가 많다. 경기도 신도시에 가보면 상권이 계획적으로 조성돼 있어 보증금과 권리금을 상당액 요구하지만 그 값어치를 하는 점포는 흔치 않다.

한정된 투자비용으로 점포를 구해 사업을 시작하려는 예비 창업자는 발품을 팔아서라도 가치 있는 점포를 구하려는 노력을 부단히 해야 한다. 창업자의 노력으로 가끔 좋은 상권에 비교적 값싼 점포를 발견하는 경우도 있다. 특히 요즈음 같은 경제상황에서는 실패해서 나간 점포가 많다.

이런 매장은 상권 가치가 낮은 게 아니라 이전 점포가 특별하게 경쟁력이 없고 점주의 영업능력이 뛰어나지 못해 결국 망해서 싸게 나온 것이다. 시간이 걸리더라도 차라리 장사가 안 돼 비어 있는 점포를 구하고, 차별화 전략을 잘 모색해 장사가 잘 되는 점포를 만드는 노력이 필요하다.

"90㎡(27평)짜리 매장에서 하루 150만 원 매출을 올리고 있어 일단은 성공적입니다." 서울 안암동 고려대 상권에서 주꾸미전문점인 'SIF주꾸미'를 운영하는 장희숙(60) 사장은 론칭아이템으로 창업해 성공한 케이스다.

장 사장은 전업주부에서 자영업으로 방향을 바꿔 5개월 전에 가게문을 열었다. 평소 동네 학생들에게 대학진학 및 진로상담을 자주 해줬던 터라 대학가 상권에서 점포를 구하고 싶었다.

게다가 큰딸이 중학생일 때부터 고려대 앞 학원을 매일 드나들어 이 일대가 매우 익숙한 편이었다. 장 사장은 안암동 대학가 상권에서 비어 있는 가게를 찾아 창업했다.

● 대학가 상권서 값싼 점포 구해

대학가 상권의 가장 큰 단점은 방학이 길고 방학 중 매출이 감소한다는 점이다. 하지만 계절학기 학생이나 취업 준비생들 때문에 방학 중에도 꾸준한 매출을 올릴 수 있다. 대학가 상권에서 가장 호황을 누리는 아이템은 역시 음식점이다.

남학생은 싸고 양이 많아야 하는 반면, 여학생은 가격경쟁력도 중요하지만 시설과 서비스 경쟁력만 있다면 안정적으로 운영할 수 있다.

SIF주꾸미를 낸 곳은 주요 도로는 아니다. 장사가 안 돼 이전 점주가 폐업한 후 5개월이나 비어 있었다. 주변에 원룸과 하숙생들이 자리 잡고 배후에 고려대가 있긴 하지만 상권 뒷길에 있어 입지조건은 좋지 못한 편이다.

하지만 장 사장은 세밀한 상권분석을 토대로 점포를 계약했다. 장 사장의 성공 요인은 욕심을 부리지 않고 자신이 잘 아는 지역에서 모든 사람이 좋아하는 음식으로 창업했다는 점이다. 음식이 맵기 때문에 내부 분위기는 여학생을 타깃으로 커피전문점 같은 분위기를 연출했다.

● 론칭아이템으로 창업경비 대폭 절감

아이템 선정의 모델은 ㈜동순푸드에서 운영하는 태양본초 주꾸미의 신개념 주꾸미 카페 1호 매장이다. 전체적으로 창업 비용이 30% 이상 절감됐을 뿐 아니라 상권조사 등을 통해 지역에 알맞은 메뉴도 추가로 개발했다.

흔히 주꾸미전문점이 신설점포라면 사업성이 없을 것이라는 고정관념을 갖고 있지만 그는 역발상으로 접근했다. 주꾸미를 차별화하고 전문성을 겸비한다면 충분히 승산이 있다고 판단했다. 또한 밑반찬 개발(얼음동동 냉미역국, 참치샐러드)에 주력했다. 주변에 자취생이 많다는 판단에 따라 남긴 음식은 포장도 해주었다.

이 점포는 종업원 4명(주방 2명, 홀 2명)에 12개 테이블을 갖췄다. 오전 11시부터 다음 날 새벽 2시까지 문을 연다. 창업비로 점포구입비(보증금+권리금) 5,000만 원, 임차료 200만 원, 인테리어와 집기시설 구입비 1,800만 원 등 모두 8,300만 원이 들었다. 장 사장은 창업비용 때문에 론칭브랜드를 선택한 덕에 적은 비용으로 창업이 가능했다. ㈜동순푸드 '시프쭈꾸미' 본사 측에서는 인테리어비용을 비롯해 가맹비, 수익보장 등 가맹점 지원을 파격적으로 제시했다.

'론칭아이템'이란 프랜차이즈 기업이 신규브랜드를 출시하기 위해 그동안 구상·준비한 것을 실제 상황으로 연출해보기 위해 시범점포를 개설하는 작업이다. 신규브랜드를 출시할 때 시범점포를 비롯해 초기 5~10개 이내 점포를 안테나숍으로 개설하는 경우가 이에 해당한다.

본사가 자본이 넉넉할 경우 직영으로 개설하겠지만 때로는 본사의 자본투자를 절감하고 안테나숍의 위험성을 감안하여 우호적 관계에 있는 예비점주를 활용해 파격적인 지원을 하며 가맹점을 시범점포로 개설하기도 한다.

예비창업자들은 주로 시범점포를 보고 계약하므로 본사는 시범점포를 통해 문전성시를 이룰 정도의 사업성과가 나도록 스타점포 만들기에 전력을 다하게 된다. 론칭아이템을 선택할 경우 유의할 점은 창업비용이 절감돼 좋으나 검증되지 않은 아이템이기 때문에 본사의 운영능력을 꼼꼼하게 따져봐야 한다는 것이다.

● **성공전략**

소형점포를 운영하는 점주는 큰 꿈을 꾸기보다는 작은 지역 상권에서 제일 잘되는 점포를 꿈꾸어야 한다. 즉, 지역상권에서 매장효율 제일주의를 표방해야 한다. 상품 선택에 신중을 기해 그 지역에서 매출이 가장 높은 점포로 소비자에게 인식될 수 있도록 노력해야 한다.

자기점포의 경영능력을 파악하고 경쟁점포와의 역학관계를 고려해 주력상품의 성격 등을 분석한 뒤 중점 공략지역과 영업범위를 결정함으로써 그 지역에서 제일가는 점포를 지향해야 한다. 소형점포 창업은 상품의 수를 될 수 있는 한 적게 하고 업종을 집약하는 것이 중요하다. 음식점의 경우 메뉴가 단출하거나 동일한 식재료로 많은 메뉴를 조리하는 형태의 전문점이 좋다. 또한 경쟁상대가 많은 번화가 상권은 메뉴의 수를 최소화하고, 경쟁상대가 적은 주거밀집 상권은 메뉴를 조금씩 늘려가는 것이 올바른 운영방법이다.

소형점포는 광고에 의존하기보다는 소비자에게 직접 판매하는 방법을 선호하고, 소비자와 인간관계를 유지하는 소통방법으로 구전홍보와 자기점포를 찾아올 수밖에 없는 고정고객 확보에 최선을 다해야 한다.

2장

상권과 입지를
정복하라!

01

📊
입지선정의
기본 이해

어떤 장사를 할지 고민하는 예비창업자들이 업종을 어렵게 선택해도 입지가 문제되어 사업구상 자체가 진척되지 않는 경우가 많다. 입지선정을 위해 상권에 관한 책이나 인터넷의 정보를 보아도 피부에 와닿는 것 같은 느낌은 갖기 힘들다. 현장상황을 직접 접해보지 않은 상태에서 이론만으로 판단하기에는 한계가 있기 때문이다.

구체적인 창업정보, 입지에 관한 서적보다는 정확한 수요층 분석, 업종밀집도가 점포 입지를 판단하는 기준이 된다. 예비창업자들은 입지를 선정할 때 유동인구에 가장 큰 비중을 두기 때문에 실패할 확률이 높다.

소자본 창업에서 입지선정은 아무리 강조해도 지나치지 않다.

오죽하면 입지산업이라고 하겠는가? 좋은 입지는 별다른 노력 없이 위치 자체만으로 많은 고객을 끌어들일 수 있는 곳을 말한다. 특히 소자본 창업에서 목의 좋고 나쁨은 사업의 성공을 좌우하는 요인이 된다. 그러나 목 좋은 점포를 고르기는 말처럼 쉽지 않다.

장사가 잘되는 지역이 일반적으로 입지여건이 좋은 곳이지만 대부분 높은 임대료에 권리금까지 있어 초기투자비가 많이 들 뿐 아니라 매물도 많지 않다. 따라서 투자대비 사업성과 이에 따른 적정매출의 달성까지 고려해야 한다. 업종은 입지(점포의 위치)와 관련해서 선택하는 것이 좋다. 업종이 먼저 선정되었으면 알맞은 입지를 찾는 것이 중요하다.

● 상권조사

창업하기 위해 후보점포를 물색하러 다녀보면 정확하게 판단이 잘되지 않는 경우가 많다. 점포를 고르는 데 무엇보다도 점포를 중심으로 해서 지나다니는 인구가 얼마나 되느냐, 다시 말해 유동인구가 점포의 가치를 평가하는 결정적 요인이 된다는 것을 이해하면 일은 쉽게 풀릴 수 있다.

입지선정을 위한 기초상권조사는 상권의 중심 또는 점포매물을 중심으로 1차상권과 2차상권으로 나눠 그 범위에 있는 경쟁점포(유사업종)를 표시한 약도를 그린 다음, 업종과 점포크기, 상호, 상품구성, 가격대 등을 조사하는 것을 말한다. 이는 점포의 수요예측과 마케팅전략 수립의 기초가 된다.

　유동인구를 조사할 때는 후보점포의 규모, 주변 시설의 흡인력, 주변 인구의 외식형태, 외부 유출입동선, 주변 지역의 지형지세, 도로 및 교통시설, 통행인의 성격, 상권의 규모와 형태, 지리적 위치 등 여러 요인을 감안해 후보점포의 1차상권과 2차상권의 범위를 정한다. 그리고 1차상권 범위 안에서 후보점포가 위치한 상권의 형태와 규모를 파악해야 하며 그 범위 안의 주민수를 계산해보면 대략 잠재고객 수를 알 수 있다.

　주민수 정보는 가까운 구청이나 주민센터 등 공공기관에서 알아볼 수 있고, 인터넷에 개설되어 있는 통계청 자료를 무료로 이용할 수도 있다. 역세권이라면 해당 역의 하루 이용객 수를 해당 역에 알아보면 자세히 알 수 있다. 주고객층이 1318세대라면 인근 학교들의 학생수를 계산할 수도 있다.

　이러한 모든 상권기초 정보는 소상공인진흥공단에서 운영하는 상권정보시스템(http://sbiz.or.kr)을 활용하면 도움이 많이 된다. 상권정보시스템을 활용할 때 유의할 점은 기초정보와 현장실사를 병행하여 상권분석을 해야 한다는 것이다.

- 통계자료조사: 인구수, 세대수, 가족구성원 수, 주거형태(단독주택, 아파트복합형)
- 상권형태 및 규모파악: 주간상권, 야간상권, 고정상권, 유동상권
- 통행인구조사: 성별, 연령별, 시간대별, 요일별 통행객수를 관찰하고 통행객과 통행 성격, 통행객의 수준 파악
- 통행차량조사: 통행차량의 수와 어느 시간대에 많이 지나가는지 파악
- 경쟁점포조사: 예상되는 경쟁점포의 이용객수, 계층, 제품의 가격대, 매장구성의 장단점 파악
- 추정매출조사: 관련 업종, 유사업종의 매출액, 인근 상권의 매출액 조사
- 상권의 향후 전망: 주변 상권의 확대, 축소 가능성을 파악하고 대형 집객시설의 개발정보를 수집하며 주변 건물의 신축 · 철거계획 등을 알아본다.

● 점포 앞 통행객 조사방법

시간대별, 연령별, 성별 통행객 조사도 병행해야 하는데 이때 시장조사비가 들어가더라도 아르바이트생을 고용하여 통행객들을 대상으로 설문을 받을 필요가 있다. 물론 본인이 직접 조사할 수 있으면 금상첨화다. 조사하는 도중 상권의 특성이나 소비수준, 점포권리금 등의 부동산시세도 비교적 정확하게 파악할 수 있기 때문이다.

유동인구가 많은 곳을 중심으로 상권이 발달하기 때문에 그곳이 주상권이 되며 상권이 확장되면서 인근이 부수상권이 된다. 유동인구가 많은 주상권에서 상품에 대해 좀더 신경쓴다면 많은 고객을 불러들일 수 있는 것은 당연하다. 반면 유동인구가 적은 곳은 고객 확보에 많은 노력을 해야 하는 불리한 점이 있으나 점포 임차보증금이나 권리금이 싼 장점이 있다. 유동인구를 조사하기 위해 무작정 점포 앞에 서서 지나다니는 사람들만 보고 있을 것이 아니

라 상권조사표를 작성해 철저히 준비하고 조사방법에 대한 계획을 가지고 해야 한다.

상권조사 시 유동인구조사는 단지 수요층 분석의 한 가지 방법일 뿐이다. 유동인구가 많다고 해서 점포 수익성이 높다고 말할 수 없다. 상권마다 유동인구의 연령별, 성별, 소비성향별 특색을 파악해야 한다.

그리고 무엇보다 중요한 것은 동종 또는 유사업종의 점포수를 파악하는 것이다. 점포수가 많아져 공급량이 수요량을 넘어서면 정체상태에 머물고, 점차 쇠퇴기에 빠지게 된다. A상권에서는 호황업종이 B상권에서는 쇠퇴업종이 될 수도 있다. 문제는 그 상권들을 어떻게 정확하게 분석하느냐에 달려 있다.

점포임대료, 권리금, 개발계획 등의 변화 가능성도 고려해야 한다. 입지는 고정되어 있는 것이 아니라 주변 환경에 따라 변하기 때문에 영원한 유망입지란 결코 없다. 이런 점들을 명심하고 좋은 점포를 구하려면 본인이 개점을 희망하는 지역에서 발로 뛰어 현장에서 체험하는 것이 가장 좋은 방법이다.

본인 구미에 딱 맞는 점포입지를 구하기는 현실적으로 어렵고 비용 또한 만만치 않다. 오히려 조건이 나쁜 점포를 피해나가는 것이 현명한 접근방법이다. 좋은 입지를 선택하려면 우선 입지의 특색을 파악해야 한다. 그리고 신중하게 고객의 접근이 용이한 곳이나 선택한 업종에 유리한 입지를 골라야 성공의 지름길로 나아갈 수 있다.

상권 · 입지 특성

■ 번화가 및 상가지역

명동상권, 강남역상권, 인사동상권 등이 이에 해당한다. 유동인구도 많고 구매력도 높기 때문에 장사하기에 최적의 입지가 될 수 있으나 보증금, 권리금 등이 워낙 비싸기 때문에 초보자가 창업하기에는 위험부담이 크다.

■ 오피스 밀집가

직장인을 상대로 하는 음식점이 가장 잘된다. 오피스가 음식장사의 승부는 맛에 달려 있다. 일단 맛이 알려지면 입소문으로 손님들이 몰린다. 다양한 메뉴보다는 단일 메뉴로 다른 음식점과 차별화한다면 성공할 수 있다. 사무편의점 등도 유리하다. 그러나 주말이나 공휴일에 매출이 적다는 점에 유의하여야 한다.

■ 아파트 · 주택 밀집가

아파트 밀집가의 상가지역, 먹자블록, 주택가 밀집지역의 이면도로 등이 해당한다. 주고객이 인근 주민들이어서 큰돈은 벌 수 없지만 그만큼 위험부담이 작다. 장사를 처음 하거나 여성들이 부업으로 사업을 시작하기에 적당하다.

주택가의 경우 시내 중심지역에 나가 구입하는 고가품보다는 주민들의 생활필수품에 초점을 두어야 한다. 특히 버스정류장에서 주택가로 들어가는 길목이 좋다.

■ 대학가

대학가라 함은 대도시의 대학가 주변인 홍대상권, 성신여대상권 등이 대표적 상권이다. 지방캠퍼스 앞의 상업지역, 재수생들이 많은 노량진 같은 학원가로 크게 나눌 수 있다. 주고객층은 대학생과 재수생 등으로 구성된 신세대들이다.

이런 상권에서 잘되는 업종은 젊은 학생들이 먹고 쉬는 것과 관련된 것들이다. 가벼운 주머니 사정을 감안해 고급스러운 레스토랑이나 카페보다는 저가형 음식점과 프랜차이즈 브랜드들이 유리하다.

■ 대로변입지

도심지 도로변에 위치한 점포는 시계로 보면 상당히 유리해 보이나 의외로 여러 문제점이 있으므로 주차공간 확보가 필요한 입지다. 고객진입의 간편성, 분위기의 편리성, 빠른 주문품 제공이 필요하다.

주차공간과 차량출입의 편리성(차량출입에 안전성 배려), 100~300m 전방에 간판 또는 플래카드로 점포위치 안내, 주차안내원을 배치해 고객차량의 추돌사고를 방지하는 전략도 생각해볼 수 있다.

02

상권분석은
성공을 향한 필수작업

업종과 입지는 서로 맞아떨어져야 하는 상관관계가 있지만, 특히 입지는 업종을 뛰어넘어 매출액을 결정하는 요소다. 좋은 입지는 별다른 노력 없이 위치만으로 많은 고객을 끌어들일 수 있는 곳을 말한다. 흔히 생각하는 남대문의류상가, 동대문시장처럼 전문상점이 밀집돼 있어 멀리서도 고객을 끌어당길 힘이 있거나 홍대입구처럼 신세대 고객을 끌 수 있는 상권 등이 일반적으로 좋은 목으로 꼽힌다.

소자본 창업에서 목의 좋고 나쁨은 사업의 성공을 좌우하는 요인이 된다. 입지여건이 좋은 지역은 대부분 높은 임대료에 권리금까지 있어 초기투자비가 많이 들 뿐 아니라 매물도 많지 않다. 따라서 업종은 입지(점포의 위치)와 관련해서 정하는 것이 좋다. 그러려면 상권조사가 필수적이다.

● 상권기초 조사

유동인구를 조사할 때 기준은 후보점포의 규모, 주변 시설의 흡인력, 주변 인구의 소비형태, 외부 유출입동선, 주변 지역의 지형지세, 도로 및 교통시설, 통행인의 성격, 상권의 규모 및 형태, 지리적 위치 등 여러 요인을 감안하여 후보점포의 1차상권과 2차상권의 범위를 정한다. 그리고 1차상권 범위 안에서 후보점포가 위치한 상권의 형태와 규모를 파악해야 하며 그 범위 안의 주민수를 계산해보면 대략 잠재고객 수를 알 수 있다.

● 점포 앞 통행객 조사

시간대별, 연령별, 성별 통행객 조사도 병행해야 한다. 조사하는 도중 상권의 특성이나 소비수준, 점포권리금 등의 부동산시세도 비교적 정확하게 파악할 수 있기 때문이다. 유동인구가 많은 곳을 중심으로 상권이 발달하기 때문에 주상권이 되며, 상권이 확장되면서 인근 지역이 부수상권이 된다.

● 업종분석

점포를 정한 뒤에는 더 세밀하게 업종분포를 조사해야 한다. 즉 경쟁점포가 많으면 많을수록 장사가 잘되는 곳이다. 유동인구가 많고 업종이 몰려 있는 곳을 중심으로 분석하며, 어떤 업종이 많이 포진되어 있느냐가 소비수준을 판가름하는 잣대가 된다.

물론 좋은 상권이라고 해서 장사가 다 잘되는 것은 아니다. 개인의 사업능력에 따라 매출 판도가 달라진다. 소자본 창업에서 입지의 의미는 사업이 잘될 수 있는 환경을 갖추는 것이다.

● 유동인구조사

유동인구는 주말이라고 해도 토요일과 공휴일에 따라 달라지며 날씨에 따라 차이가 많이 나기 때문에 이 점도 고려해야 한다. 최소한의 유동인구를 조사하려면 날씨가 좋은 평일과 주말 각각 하루씩 선정해 조사하는 것이 비교적 정확한 방법이 될 것이다.

● 고객층과 시간대별 통행량 조사

주부들을 대상으로 하는 업종이라면 오전 11시부터 오후 5시까지, 학생들을 대상으로 한다면 하교시간대에, 직장인을 대상으로 한다면 퇴근시간대에 정밀조사를 한다.

● 총유동인구 조사법

자신의 주고객이 몰리는 시간에만 조사하는 것이 아니라 하루의 총유동인구를 조사해야 한다. 하루의 시간대를 선택하는 방법이 있는데 오전 중 1시간을 선택해 유동인구를 산출하고, 오후부터는 2시간마다 1시간씩 조사해서 산출하는 방법이 있다. 또 매시간 20분 정도 조사해서 산출하는 등 다양한 방법이 있다.

● 내점률조사

점포후보지의 내점률을 확인하여야 한다. 여기서 내점률이란 유동인구 100명당 점포를 방문하게 되는 고객의 수를 말한다. 100명 중 점포로 내점하는 고객이 5명이면 내점률이 5%다.

하루 유동인구 5,000명에 내점률 5%이면 250명의 고객방문을 기대할 수 있다. 내점률은 추정매출을 조사하기 위한 것인데 경쟁점포나 유사업종의 매출을 조사하는 것으로 매출액을 추정할 수 있다.

● 구매품목과 가격대조사

유동인구를 조사하되 반드시 성별, 연령, 주요 구매품목, 구매 가격대를 조사해야 하며 점포 앞은 물론 각 방향에서 입체적으로 통행량을 조사해야 한다. 대로변이라면 길 건너 유동인구와 차량통행량까지 조사하는 것은 기본이다.

그러나 상권이나 좋은 목은 늘 변한다. 현재는 번화가가 아니지만 발전 가능성이 있는 지역, 유동인구는 많지 않지만 주위에 경쟁상점이 없어서 고객확보가 쉬운 곳, 업종의 특성상 극복이 가능한 곳을 찾을 수 있는 안목을 기르면 의외로 좋은 목에 위치한 점포를 찾을 수도 있다.

 사례 1
과감하게 신설상권서 문 열어

"2층 94㎡(28평)짜리 매장에서 하루 평균 230만 원 매출을 올리고 있어 일단은 성공적입니다." 구로구 천왕동 도시개발사업지구에서 '아리랑 순대국 · 감자탕'을 운영하는 이인이(38) 사장의 말이다. 삼성전자에서 12년 근무하고 퇴직하여 용산에서 조립컴퓨터 사업을 8년간 운영하고 있는 남편의 사업이 매출부진으로 허덕이자 이 사장은 자영업에 도전하기로 마음먹었다.

용산 매장이 문을 닫게 될 것을 대비해 함께 운영할 수 있는 업종을 찾아보기로 했다. 결혼 전 삼성전자 소비자상담실에서 근무한 경험 덕택에 손님을 접객하는 것은 자신이 있었지만, 자영업시장은 포화상태라 단단히 준비하지 않으면 실패한다는 주위의 만류도 있었다. 덜컥 겁이 났지만 창업 외에 다른 대안을 찾기가 어려웠다.

업종은 일단 음식업으로 정해놓았다. 아무리 불경기라도 소비는 지속적으로 이루어질 것이라 믿었기 때문이다. 모든 창업자가 겪는 문제지만 가게입지가 매출을 좌우한다는 생각에 이 사장 부부는 고민을 거듭했다. 여러 상권을 돌아다녀 보았지만 마음에 드는 곳이 없었고 권리금 문제가 항상 따라다녔다. 그러던 중 구로구 외곽지역의 천왕동 택지개발지역이 마음에 들었다. 신설상권이라 권리금은 없었다.

1년을 두고 유심히 관찰해보았다. 상권분석과 시장조사를 전문가들에게 의뢰할 생각도 했지만 직접 발로 뛰었다. 4,500여 배후세대에 30~40대 가족 외식인구, 중소형 아파트들이 많아 서민적인 소비성향을 보였다.

주변에 개별점포들이 들어설 자리가 없다는 것도 상권조사 과정에서 나타났다. 음식업은 무조건 1층에서 해야 한다는 주변 권고도 있었다. 그러나 이 지역 상가빌딩은 2층 이상만 음식업 입주가 가능하기 때문에 문제가 없을 것이라 판단했다. 그리고 성공하겠다는 일념으로 남구로에서 천왕동으로 이사까지 했다.

이 상권에서 어떤 업종이 어울릴까? 고민 끝에 장기적인 불황에 어울리는 서민음식의 대표주자인 감자탕과 순대국의 전망을 밝게 보았다. 다른 업종에 비해 밑반찬이 많지 않아 일손이 적게 들고 김치와 깍두기의 맛만 잘 내면 되기 때문이었다.

용산에서 창업한 경험은 있었지만 음식업은 처음인 만큼 개인독립점보다는 프랜차이즈가맹점을 내기로 했다. 브랜드를 비교 · 분석하다 맛과 경영자의 자세가 중요하다는 판단을 하고 '아리랑 순대국 · 감자탕'을 선택했다.

매장을 열었는데 가족 외식에서부터 인근 상인, 남녀 가릴 것 없이 손님들로 북적였다. 손님들의 반응은 대박 수준이었다. 한 달이 조금 넘었는데 단골도 꽤 생겼다. 가장 즐겨 찾는 메뉴는 감자탕(2만 원)과 묵은지 등뼈찜(2만 8,000원)이다. 본사에서 지원해주는 오픈 행사 외에는 특별히 홍보활동도 못했지만 앞으로 손님들을 위해 다양한 이벤트도 고민 중이다.

이 점포는 종업원 5명(주방 3명, 홀 2명)에 15개 테이블이 있으며, 오전 10시부터 오후 10시까지 문을 연다. 평일에 하루 230만~250만 원의 매출을 올리고 있다.

창업비는 보증금 5,000만 원, 임차료 280만 원, 인테리어 · 집기시설 등 1억 원 해서 모두 1억 5,000만 원이 들었다. 이 사장은 "자영업시장의 경쟁이 아무리 치열해도 창업자가 직접 발로 뛰어서 시장조사를 하면 성공에 대한 해답이 보이는 것 같아요!"라고 덧붙였다.

창업준비 단계에서 점포 고르기만큼 중요한 작업은 없다. 대부분 사람들이 "내게 맞는 업종이 무엇일까" 하는 업종선정에만 고심한다. 그러나 점포 고르기 역시 상당한 비중을 둬야 할 부분이다. 점포창업은 입지산업이라는 말이 있을 정도로 점포 위치가 영업에 지대한 영향을 끼치기 때문이다.

03

📊

상권정보시스템의
활용

중소기업청이 운영하는 상권정보시스템(http://sbiz.or.kr)은 창업자가 창업하려는 상권의 업종 현황을 한눈에 알 수 있는 프로그램이다. 2006년 개통 이후 상권 관련 각종 정보(DB)와 다양한 부가서비스를 확충하면서 이용건수가 크게 늘어나고 있다.

DB 정확도는 2013년 기준으로 89.7%로 높아졌다. 이와 더불어 밀집정보(2009년), 로드뷰 콘텐츠(2011년), 창업자가진단, 상권브로드캐스팅맵(2013년) 등의 부가서비스가 추가되어 이용자 수는 꾸준히 증가하는 추세다.

상권정보시스템은 다양한 카테고리가 있지만 권장할 만한 서비스는 상권분석 → 상세분석, 자가진단 → 점포평가, 상권지도 → 점포이력 서비스를 이용하면 입지선정과 관련된 상권분석 정보와 점포에 대한 상세정보를 얻을 수 있어 창업을 위한 점포계약에 많은 도움을 받게 된다. 이외에도 상권통계정보, 프랜차이즈 정보 공개서 조회정보 등도 제공한다.

상권정보시스템을 통해 예비창업자는 1차로 창업하고자 하는 지역과 업종의 점포위치를 선택하고, 이에 대한 상권분석자료를 구할 수 있다.

그리고 분석정보와 실제 현장조사를 병행하여야만 상권분석의 정확도를 높일 수 있다. 실제 창업에 필요한 점포에 대해서는 개별적으로 정보를 수집해야 하지만, 상권정보시스템이 제공하는 점포이력평가서비스를 활용하면 10여 년간의 점포에 대한 이력 및 평가정보를 얻을 수 있다.

🔍 소상공인시장진흥공단 상권정보시스템

점포이력평가서비스는 창업 예정 점포의 과거 개·폐업 등 이력과 다양한 업종별로 창업 시 예상 매출정보, 입지특성 정보 등을 제공한다.

점포이력평가서비스는 지방자치단체의 점포이력정보(음식 및 위생업종의 인허가 정보)와 BC카드사 신용카드 거래데이터, 부동산 가격정보 등 7억 4,000만여 건에 달하는 빅데이터를 가공해 만들어서 정확도가 매우 높다.

자가진단과 점포평가서비스는 BC카드 가맹점의 결제액과 지역변수(인구, 기업체, 점포수, 상권등급 등)를 기준으로 업종별 매출을 추정해 정보를 얻을 수 있다. 예비창업자가 선택한 상권 주요 정보, 요일별 매출, 임대수준, 선택업종평가, 입지특성평가 등을 비교해 알아볼 수 있다.

간단점포평가는 예정주소와 업종을 입력하면 예상 월평균매출, 인근 상권과 월평균매출액 및 매출건수 비교, 선택상권의 성장성, 안정성, 활성도, 구매력, 유동지수 등을 알아볼 수 있는 상권평가와 선택업종의 평가를 확인할 수 있다.

상세점포평가는 간단평가에서 추가로 점포면적, 보증금, 임대료, 관리비 등의 임대조건과 점포층수, 전면넓이, 가시성, 주차시설 유무 등의 입지조건정보를 입력하면 상권 및 환경분석, 업종분석, 입지특성 및 임대수준분석, 매출특성분석, 수익성분석 등을 알아볼 수 있다.

🔎 분석결과

창업을 결정하기 전에 수익성 분석은 매우 중요한 절차입니다. 현장조사 결과와 분석 내용을 꼼꼼하게 입력하고 충분히 검토하세요.

🔎 입력정보

구분	항목	금액(만 원)	총계(만 원)	매출액 대비 비율(%)
투자금액	점포보증금	5,000	56,090	
	점포권리금	12,345		
	시설투자비	34,422		
	기타 투자비	4,323		
예상매출(월)	예상매출(월)	27,500	27,500	100
예상비용	매출원가	10,450	17,325	38
	임대료 및 관리비	275		1
	인건비	4,400		16
	세금과 공과금	550		2
	기타 비용	1,650		6

🔎 수익분석

구분	금액	설명
예상수익(월)	10,175만 원	예상매출(월)/예상비용(월)
매출대비 수익률(월)	37%	예상수익(월)/예상매출(월)
투자수익률(월)	18.1%	예상수익(월)/초기투자비용 10%
투자비 회수기간	5개월	투자금액/예상수익(월)
권리금 회수기간	1개월	점포권리금/예상수익(월)

🔍 수익평가(평가기준 설명)

수익평가 결과 매우 우수	평가기준	투자대비 수익률(월)	투자 회수기간
	□ 불량	2.1% 미만	4년 이상
	□ 보통	2.2~3%	3~4년
	□ 우수	3~4.2%	2~3년
	□ 매우 우수	4.3% 이상	2년 이내

TIP 수익분석의 결과가 사업의 성공과 실패를 결정하지는 않지만, 투자대비 수익률이 2% 미만인 경우에는 좀더 자세히 검토하고 창업에 신중을 기하시기 바랍니다.

04

상권정보시스템
이용방법

① http://sbiz.or.kr 접속

② 로그인하기: 회원가입 후 로그인

회원가입을 하고 로그인을 하면 전국의 주요 지역 상권에 대한 분석자료와 업종별 밀집자료를 얻을 수 있다.

③ 상권분석 클릭

④ 상세분석 클릭

⑤ 지역선택하기: 상권분석을 하기 위한 지역정보(구주소 또는 신주소)로 광역시, 시군구, 읍면동, 지번 등을 차례로 입력하고 이동버튼을 클릭한다. 클릭하면 입력주소지 지도가 나오게 된다.

⑥ 상권그리기 버튼 클릭: 원형, 반경, 다각 중 한 가지를 선택하여 클릭

(예: 반경의 경우 클릭하면 반경상권자동그리기 표가 나오는데, 이때 100~1,500m까지 해당 지점에서 그릴 수 있다. 700m 이상을 원할 경우 '사용자지정' 항목을 선택하면 된다.)

⑦ 상권영역이 선정되면 완료버튼을 누른다. 완료버튼을 누르면 영역이 그려진 지도가 나타나게 된다.

(예: 다각의 경우 클릭하고, 해당 지점에서 원하는 영역에 따라 마우스 왼쪽을 클릭하면서, 상권그리기가 끝날 때 더블클릭하면 완료된다. 이렇게 하여 상권영역이 다각으로 완료되면 2상권 완료버튼을 누른다. 상권영역그리기는 3상권까

지 가능하다.)

⑧ 상권영역이 그려진 지도가 나오면 업종선택하기에 들어간다.
업종선택하기는 아래 그림과 같이 대분류, 중분류는 순서대로
확인하고 소분류는 유사업종까지 3개를 체크하고 난 후 확인버튼
을 누른다.

⑨ 8번까지 모든 정보입력을 완료하고 상권분석하기 버튼을 누르면 아래 그림과 같은 상권분석 자료가 생성된다.

● **상권분석 자료의 주요 내용**

• 업종개요: 상권의 지도, 유형설명, 가구수, 인구수, 주요 시설,
상가업소 수 등의 정보

상권명	상권유형	면적	가구수	인구수		주요시설수	집객시설수	상가/업소 수			
				주거인구수	직장인구수			전체	음식	서비스	도/소매
제1상권	중밀주거지역	785,398 ㎡	12,137	27,813	7,021	90	3	700	269	172	259

제 2 상 권	주 택 상 업 지 역	86, 843 m²	741	1,682	1,469	30	0	170	72	27	71

- 업종분석: 선택업종, 유사업종, 중분류, 대분류업종의 최근 3
  년간 증감추이를 그래프와 함께 보여준다.

이 외에도 선택업종의 상권, 시군구, 광역시, 전국의 업종증감추
이정보와 창·폐업 통계정보가 생성된다.

- 매출분석: 최근 6개월간 상권 내 선택업종, 중분류, 대분류업
  종의 평균매출, 이용건수 등의 자료가 그래프와 함께 생성된
  다(매출액 자료는 카드사의 정보와 연동되어 있음). 매출추이정보 이
  외에도 인근 상권과 매출 비교, 테이블단가를 가늠할 수 있는
  건당 평균매출, 매출특성에 해당하는 주중, 주말, 요일별, 시
  간대별, 성별, 연령별 이용실태가 그래프와 함께 생성된다.

- 인구분석: 행정구역별(읍면동 단위)과 선택상권 내의 가구수, 거
  주인구, 직장인구, 유동인구, 직업 및 직종, 주거형태, 최근 3
  년간 인구 변화추이 등의 정보를 알 수 있다. 유동인구 정보는
  특정지점, 특정일자에 현장조사된 정보와 함께 SKT 통화량에
  기반을 둔 추정유동인구정보를 동시에 살펴볼 수 있다.

- 지역분석: 공공기관, 금융기관, 의료시설, 대형유통, 문화, 숙
  박, 교통시설 등의 정보를 나타내는 주요/집객시설정보, 버스
  정류장과 지하철 승하차인원 등의 교통시설정보, 상권 내에

서 활동하고 있는 주요 기업정보, 유명브랜드의 분포를 알려주는 브랜드지수, 점포임대시세 등의 정보를 알아볼 수 있다. 분석결과에서 나타난 업소, 시설, 아파트 등의 목록은 구체적인 지도로 확인해볼 수도 있고, 위치, 주소, 인구 등의 정보가 담긴 엑셀파일로 다운로드받을 수도 있다.

 사례 1

'수업료 냈다고 생각', 권리금 8,000만 원 손해봤지만 웃는다

자영업자의 평균소득이 월급여소득자에 비해 턱없이 낮다는 것은 여러 통계현황을 살펴보지 않더라도 잘 알려진 사실이다. 자영업자들과 현장 상담을 통해 고충을 들어보면 상황은 더욱 심각하다.

가게문을 닫게 되면 임차료와 관리비 등 200만 원을 적자 보는 데 비해 문을 열면 인건비와 재료비를 더해 400만 원 손해를 보는 경우도 있었다. 적자를 보면서도 문을 열 수밖에 없는 것은 점포매각 시 권리금 손실이 우려되기 때문이다.

5년 전 서울 강남역 이면도로변에서 샌드위치전문점을 창업한 최신정(31) 씨는 66㎡(20평) 가게를 권리금 2억 원에 보증금 3,000만 원, 월세 140만 원의 조건으로 인수했다. 직장생활로 어렵게 모은 돈에 부모의 도움을 받아 창업한 것이다. 창업 후 열심히 가게를 운영해 월매출 1,200만 원이던 가게를 1,800만 원 이상으로 올려놓았다. 순익도 월 400만 원을 기록했다.

---

⑤ 패스트푸드

국민 식생활 변화로 패스트푸드점(치킨, 피자, 햄버거 등)은 2009년 1만 4,729개에서 2013년 2만 4,173개로 64.1% 증가한 업종이다. 한동안 인스턴트식품 기피 등의 어려움을 극복하고 새롭게 재도약하는 업종으로 롯데리아, 맥도날드, 버거킹, KFC 등이 대표업종이다. 점포구입비를 제외한 창업비용은 198㎡(60평) 기준 가맹비 1,500만 원을 포함하여 약 4억 원선이다. 입지조건은 번화가 핵심상권, 대단위 아파트 쇼핑센터, 역세권 핵심위치 등 본사가 요구하는 중심상권으로 제한적이다.

인근 점포의 거래상황을 지켜보니 본인은 권리금을 너무 많이 주고 가게를 인수했다는 것을 알았다. 속이 많이 상했지만 장사해서 만회하겠다는 심정으로 버텼다. 최씨는 지난 5월 자신의 가게에서 일하던 청년에게 권리금 1억 2,000만 원에 가게를 넘겼다. 8,000만 원을 손해본 것이다. 그러나 최씨는 손해에 연연하지 않으며, 장사하는 법을 배웠기 때문에 오히려 즐겁다고 한다. 지금은 남편의 직장 부근인 판교신도시에서 비슷한 업종으로 열심히 장사하고 있다.

건물주에게 인정받지 못하는 권리금은 외환위기 이후 사회적으로 많은 문제가 돼왔다. 계약도 건물주와 하는 것이 아니라 임차인 당사자 간에 하므로 이면계약일 수밖에 없다. 창업 전문가들은 권리금을 산정할 때 1년간 영업이익의 합계금액이면 적당하다고 평가하지만, 그 근거는 뚜렷하지 않다.

점포권리금의 거래도 이제는 양성화해야 할 시점이 왔다. 보증금, 임차료, 카드매출액, 부가세 납부실적, 점포면적, 건물의 가치, 시설수준 등이 고려된 권리금 평가시스템을 개발해 공공기관에서 감정서를 발급해주는 제도가 필요하다. 점포감정서를 통해 선의의 피해자가 양산되지 않도록 정부가 관심을 기울여야 할 때다.

05

권리금의
기본 이해

● **권리금이란 무엇인가?**

창업하기 위하여 입지가 좋은 점포를 선정해야 하는 것은 당연하다. 그러나 현실적으로 점포를 구하러 다녀보면 권리금이 항상 문제가 된다. 이는 권리금 산정기준에 원칙이 있는 것이 아니고 부동산중개업소에서 거래되는 지역적 금액에 따른 경우가 대부분이기 때문이다.

점포 구입비용은 크게 점포 임대료와 권리금으로 나뉜다. 점포 임대료는 흔히 계약 시 내는 점포 보증금과 매월 일정액을 지불하는 월세로 나뉜다. 그중에서 권리금이란 점포 임대차와 관련해 임차인이 특별하게 누리게 될 장소 또는 영업상 이익에 대한 대가로, 임차보증금과는 별도로 지급되는 금전적 대가를 말한다.

즉 점포를 매도함으로써 포기해야 하는 시설비와 영업권을 뜻하는 것이다.

권리금을 좀더 상세히 설명하면, 기존 임차인이 보유하고 있는 고객과 영업방식을 이어받는 대가로 신규임차인이 지급하는 돈이다. 권리금은 형성 방식에 따라 바닥권리금, 영업권리금, 시설권리금 등으로 구분하기도 한다. 바닥권리금은 통상 상권과 입지에 주목한 것이고, 영업권리금은 단골 규모가 영향을 미친다. 시설권리금은 기존 시설투자액에 일정한 감가상각을 한 뒤 남은 시설의 잔존가치를 반영한다. 이러한 구분과 산정방식에 법적 규정력은 없다.

● 권리금 산정기준은?

권리금 산정기준은 원칙이 있는 것은 아니나 일반적으로 연간 순수익의 합계와 입지조건, 점포크기, 시설비 등을 감안해 평가한다. 1년 동안의 순수익은 점포를 매도하지 아니하고 계속적으로 영업할 경우 창출될 수 있는 수익을 포기해야 하는 기회비용을 보상해주는 것이다.

입지조건과 가게크기는 매출에 영향을 주는 요소이므로 권리금 산정 시 포함된다. 시설비는 초기에 투자된 각종 집기와 비품 등의 비용을 낡은 정도에 따라서 감가상각하게 되는데, 보통 내용연수를 5년으로 보고 감가상각한다.

점포 66㎡(20평) 규모에 월평균 순수익 300만 원, 초기시설비

3,000만 원, 개점 2년 경과를 사례로 들어본다면 순수 권리금은 1년 동안의 순수익 3,600만 원(300만 원×12개월)과 2년 지난 시설비의 감가상각잔존가액 300만 원(3,000만 원×10분의1)을 합친 3,900만 원이다.

물론 입지조건에 따라 어느 정도 차이가 나고 주변 경쟁점의 권리금 시세에 따라 다소 차이가 나지만 역시 매수자·매도자의 흥정으로 이루어지며 수치상 의미는 별로 없다.

06

권리금 거래할 때 유의사항

점포를 구할 때 대부분 권리금이 다소 얼마라도 붙어 있는 게 현실이다. 권리금을 받아야 할 측과 주어야 할 처지에 있는 사람 사이에는 상당한 거리가 있지만 상호 홍정 대상이기 때문에 점포를 어떻게 평가하느냐에 따라 그 가치가 달라질 수밖에 없다.

권리금은 건물 주인이 묵시적으로 인정해주지만 법적으로 보장하지 않는 것이 일반적 관례이기 때문에 권리금을 건물주로부터 법적으로 인정받는 것은 보통 어려운 일이 아니다. 대개 건물주는 권리금을 인정하려 하지 않는 반면 임차인은 인정받으려고 한다. 그래서 임차인끼리 상점을 인수·인계하면서 건물주 몰래 음성적으로 권리금을 주고받는다.

따라서 계약서에는 권리금에 대한 언급이 눈을 크게 뜨고 찾아보아도 없다. 시설물 설비관계만 기재돼 있는 경우가 일반적이다.

문제는 임대인 몰래 권리금이 거래되다가 임대인이 직접 상점을 인수해 경영한다거나 계약기간이 끝나자 임차인을 내보내고 생면부지의 사람을 입주시키려 할 때 혹은 건물을 매매해버림으로써 새 주인이 직접 점포를 경영하겠다고 할 때, 임차인이 권리금을 한 푼도 받지 못하고 쫓겨나는 일이 비일비재하다는 것이다.

권리금을 일정 금액까지 인정하겠다고 한다면 반드시 계약서에 권리금 관계를 기재해야 분쟁의 여지가 없게 된다. 권리금 문제로 골치를 앓지 않으려면 임대를 전문으로 하는 빌딩을 얻는 것이 최선책이다. 그렇다면 권리금은 없는 것이 좋은가, 있는 것이 좋은가? 이 문제에는 일장일단이 있다. 기존 점포의 경우 권리금과 시설비가 없으면 장사가 잘 안 되는 상가일 수도 있다. 그래서 초보자가 창업할 경우 권리금이 있는 점포를 인수하는 것도 좋은 방법이다.

수천만 원에서 억대에 이르는 권리금을 주고 점포를 인수하는 경우, 나중에 팔 때 권리금을 어느 정도 받을 수 있는지 반드시 생각해볼 필요가 있다. 예를 들어 신설점포를 계약할 경우 일반적으로 권리금은 없지만 시설문제가 따르며 시설비 또한 만만치 않다.

시설을 다시 설비할 경우 창업자의 콘셉트에 알맞은 점포를 만들 수 있는 장점은 있으나 상권형성이 안 되거나 영업부진으로 시설권리금 자체를 인정받지 못하고 손해를 보아야 하는 위험 부담이 많다. 최근 2~3년간 판교 등의 신도시 지역에서 시설비 전액을 날리고 보증금도 겨우 받아 나오는 사례가 많이 있었다.

초보창업자가 유동인구가 많은 곳이라면 빚을 내서라도 권리금을 많이 주고 명당상권에서 장사하고 싶어하는 이유는 그런 곳이 성공가능성이 높기 때문이다. 권리금의 덫은 이제 직장생활에서 은퇴하는 베이비부머에게 돌아갈 공산이 크다.

권리금 관련
상가임대차보호법의 개정내용

앞서 언급한 권리금의 다양한 문제점에 대해 정부가 2014년 9월 24일 상가임대차보호법을 개정해 법제화하겠다고 나섰다. 그 주요 내용을 살펴보면 다음과 같다.

권리금은 상가를 매입하거나 임차할 때 관행적으로 인정되지만, 현행법상 상가권리금에 관한 규정은 존재하지 않는다. 따라서 영업보상금 산정기준이 되는 토지보상법 또한 권리금을 인정하지 않고 있다. 공인중개사법상 중개행위에 해당하지 않아 중개수수료 한도 규정이 적용되지 않는다.

임차인 사이에서 주고받는 권리금은 지금까지는 법의 영역 밖에 있어서 과세 대상도 아니었고 법으로 보호되는 권리도 아니었다. 그래서 권리금을 준 임차인이 이런저런 사정으로 권리금을 회수하지 못한 상태로 상가에서 나가야 하는 경우가 적지 않았다.

규모면으로 볼 때, 전국 상가 세입자는 218만 명이고, 권리금 평균 금액은 약 2,748만 원이며, 전체 권리금은 33조 원으로 추정된다. 현재 권리금이 있는 임대차는 55%에 달하고, 임차인 85%가 향후 권리금을 받고 나가겠다고 응답(2013년 소상공인진흥공단 실태조사)하는 등 권리금은 실체가 엄연히 있음에도 법의 사각지대에 놓여 있다. 이에 따라 약자인 임차인이 대개 피해를 보며, 권리금을 둘러싼 사회적 갈등과 분쟁이 일어나고 있다.

대법원 판례를 통해 정의가 내려진 것도 2000년대 초반에 이르러서다. 대법원 판례(2000다26326)는 권리금을 "영업시설, 비품, 거래처, 신용, 영업상의 노하우, 상가건물의 위치에 따른 영업상의 이점 등 유·무형의 재산적 가치의 양도 또는 이용대가로서 임대인, 임차인에게 보증금과 차임 이외에 지급하는 금전 등의 대가"라고 정의했다.

대법원은 원칙적으로 권리금이 임대차계약의 내용을 이루지 않는다고 보아 임대인의 권리금 반환의무를 인정하지 않았다. 그래서 '권리금 폭탄 돌리기'로 임차인인 수백만 자영업자는 법적으로 불안한 지위에 있었다.

그런데 권리금 분쟁이 자주 일어나고 경제민주화 논쟁이 본격화되자 상생의 길을 도모하기 위해 법무부가 2014년 9월 권리금을 법제화하는 혁신적인 상가건물임대차보호법 개정안을 내놓은 것이다. 주요 내용은 자영업자(임차인)의 상가권리금 보호를 법으로 강화하는 것이다.

상가임차권 및 권리금 보호대책은 임차인의 대항력 인정범위 확대, 권리금 회수기회 보호 · 강화, 권리금 보호 인프라 구축(권리금 정의 명확화, 표준계약서 보급을 통한 분쟁 예방, 상가건물임대차 분쟁조정위원회 설치) 등의 내용을 포함하고 있다. 권리금 산정방식은 국토교통부 고시에 마련하고, 권리금 액수를 놓고 갈등이 벌어질 때는 각 시 · 도에 설치하는 분쟁조정위원회에서 고시에 바탕을 두고 결정할 방침이다.

🔍 상가임차금 및 권리금 보호방안

임차인 대항력 인정범위 확대	환산보증금(보증금+월세) 규모에 관계없이 모든 임차인에 대하여 건물주가 변경된 경우에도 5년간 계약기간 보장: 2014년 4분기
권리금 회수 협력의무 신설	특별한 사유가 없는 한, 임대인에게 임차인이 주선한 신규 임차인과 계약을 체결하도록 협력의무 부과: 2014년 4분기
임차인의 손해배상청구권 신설	임대인이 법률에 규정된 권리금 회수 방해행위를 하면 손해배상책임을 부담한다는 점을 상임법에 명시. 배상액은 임대차 계약 종료 당시의 권리금을 넘지 않도록 하되, 권리금의 산정기준은 국토부 고시로 명확히 규정: 2014년 4분기
권리금 산정기준 마련	권리금의 산정기준은 해당 임대차 목적물인 상가건물의 수익현황, 영업시설현황, 인근 상권의 권리금 거래가격 등을 고려하여 국토교통부 장관이 고시: 2015년 1분기
권리금 정의 명확화	권리금 정의를 법률에 명시하여 회수기회 보호, 분쟁조정 등 권리금 보호를 위한 기초 마련: 2014년 4분기
신속한 분쟁조정기구 설치	권리금 관련 분쟁을 저비용으로 조정 · 합의할 수 있도록 17개 시 · 도에 '상가건물임대차 분쟁조정위원회' 설치: 2015년 2분기
표준계약서 보급	권리금 산정근거와 권리금 관련 권리 · 의무관계를 명확히 한 표준계약서를 도입: 2014년 4분기
권리금 회수 신용보험도입	임차인이 보험사로부터 권리금 피해를 보상받을 수 있는 상품 개발: 2015년 1분기

● 임차인 대항력 인정범위 확대

세입자 대항력을 높이는 조치로 건물주가 바뀌더라도 세입자는 5년간 계약기간을 보장받는다. 지금까지는 건물주가 바뀌면 계약기간을 보장받지 못해 세입자의 권리금 회수가 쉽지 않았다. 서울의 경우 환산보증금(보증금+(월세)) 4억 원 이하만 보장받았다. 하지만 앞으로는 환산보증금 규모에 관계없이 계약기간을 보장받게 됐다. 환산보증금이 4억 원 미만일 경우 연간 임대료를 9%까지 올릴 수 있는 조항은 그대로 유지된다.

● 권리금회수 협력의무

임대차 관계가 종료될 때 임차인이 권리금을 회수하는 데 협력하도록 임대인에게 의무를 부과하고 있다. 그 의무를 위반하면 임대인은 손해를 배상해야 한다. 그러나 임대인의 협력의무는 임차인의 권리금 회수에 대한 적극적 협력의무가 아니라 방해금지를 의미하는 소극적 협력의무다.

임차인이 새로운 임차인과 협상을 벌여 좀더 안정적으로 권리금을 회수할 기회를 보장할 뿐 기존에 지불한 권리금 자체를 임대인에게 주장할 수는 없다. 협력의무 적용기한은 계약 종료 후 2개월로 한다.

임차인이 월세를 3번 이상 연체하거나 부정한 방법으로 임차하는 등 의무를 현저히 위반해 계약갱신이 거절됐거나 임대인이 보상을 제공하고 계약을 갱신하지 않은 경우, 임차인이 임대인의 동

의 없이 전대했거나 건물의 파손, 멸실, 재건축, 안전 등의 이유로
계약을 갱신하지 않은 경우에는 임대인의 협력의무가 면제된다.

● 손해배상청구권

① 임대차 종료 시 또는 임대차 종료 2개월까지 임차인이 주선
한 신규임차인에게 권리금을 요구, 수수해 임차인이 권리금
을 회수하지 못하게 하는 행위

② 신규임차인으로 하여금 임차인에게 권리금을 지급하지 못하
게 해서 임차인이 권리금을 회수하지 못하게 하는 것도 방해
행위에 해당

③ 신규임차인에게 주변 상가건물의 차임에 비추어 현저히 고
액의 차임과 보증금을 요구하여 임차인이 권리금을 회수하
지 못하게 하는 행위

④ 정당한 이유 없이 임차인이 주선한 신규임차인과 임대차계
약 체결을 거절하는 행위

임대인의 업종변경권과 관련해, 임대인의 업종변경권이 제한되
는 것은 아니다. 다만 임대인이 건물의 위치, 용도, 현황 등에 비추
어 임차인의 권리금 회수를 방해할 목적으로 무리하게 업종변경
권을 행사하고 이로써 임차인이 신규임차인을 구하지 못해 권리
금을 회수하지 못했다면 방해행위로 판단할 수 있다.

그리고 임대인이 무리하게 업종변경권을 행사해서 임차인을 내

보내고, 임차인이 영업했던 업종으로 다른 임차인을 구해 영업한다면, 방해행위에 해당할 수 있다.

재건축·재개발 구역 내 상가 세입자는 보호 대상에서 제외된다. 현재 재개발·재건축할 경우 상가 세입자에게는 4개월분에 해당하는 휴업 손실액을 보장해준다. 하지만 권리금 보상 방안은 이에 해당하지 않는다. 임대인과 임차인 간 권리금과 관련해 별도 합의가 있었거나 임차인이 임대인 동의 없이 또 다른 임차인에게 시설 일부를 임대(전대)했을 때 임차인은 권리금을 보호받을 수 없다.

● 권리금 산정기준

국토교통부가 2015년부터 권리금 산정기준을 고시한다. 분쟁조정위원회나 소송에서 임대차 종료 당시 정당한 권리금을 산정할 수 있도록 시스템을 만들게 된다. 같은 상권에서도 천차만별인 권리금에 대한 객관적 평가기준도 마련된다.

국토교통부 장관이 고시하는 권리금 산정기준에서 해당 점포의 영업이익, 시설현황, 인근 상가의 권리금 수준 등을 고려해 감정평가가 객관적으로 이루어질 수 있도록 감정평가 방법과 절차 등이 정해질 것이다. 또한, 개인정보 보호 요구 등에 부응해 상가확정일자 정보열람제도 역시 함께 개선되게 된다.

권리금을 유형의 재산권인 시설권리금과 무형의 권리인 바닥권리금, 영업권리금으로 나눌 때 바닥권리금은 '홍대역 부근', '강남역 부근' 등 상가 입지와 관련된 권리금이고 영업권리금은 단골을 얼마나 확보했는지에 따라 좌우된다. 권리금 종류가 다양한 만큼 명확한 평가기준을 만들어야 건물주와 세입자 간 분쟁 소지를 줄이고 과세기준도 명확해진다.

● 권리금 정의 명확화

정부는 상가임대차보호법을 개정해 권리금을 "영업시설 및 비품, 거래처, 신용, 영업노하우, 상가건물 위치에 따른 이점 등 유·무형의 재산적 가치의 양도 또는 이용 대가로 기존 임차인에게 지급하는 금전"으로 명확히 규정할 예정이다.

● 분쟁조정기구 설치

강제집행에 대한 권리 부분은 일반 민사소송의 원칙을 따를 수밖에 없다. 문제가 생기는 경우에는 신속하게 해결할 수 있도록 분쟁조정위원회를 설치하게 된다. 권리금 분쟁을 신속하게 해결할 수 있도록 17개 시·도에 분쟁조정위원회를 설치하고, 권리금 표준계약서를 도입해 임차인과 신규임차인이 권리금의 목적인 영업가치에 대해 상세히 적도록 함으로써 분쟁을 예방하게 된다.

권리금 분쟁이 발생하면 당사자는 분쟁조정위원회에 조정을 의뢰할 수 있으며, 9명 이하 전문가로 구성된 조정위원회에서 조정받을 수 있다. 위원회는 감정원에 권리금 평가를 의뢰하게 된다.

● 권리금표준계약서 보급

권리금표준계약서를 보급하는 이유는 지금까지 임차인 간 권리금 수수가 영수증으로만 이루어져 권리금이 고액화되었고, 당사자 간 권리·의무가 명확하지 않아 임차인 간 권리금 수수과정에서 분쟁이 발생해왔기 때문이다. 그 피해를 줄이기 위해 제도적으로 표준계약서를 보급하게 되었다.

● 권리금 회수 신용보험 도입

권리금 회수 신용보험도 도입된다. 임대인 때문에 임차인이 권리금을 회수하지 못할 경우 보험회사가 대신 권리금을 내주고 보험회사는 임대인에게 구상권을 행사하는 구조다. 상가권리금을 법으로 보호한다는 것 자체가 매우 큰 진전을 이룬 것이다.

그동안 권리금은 산정하기가 어렵고 임차인끼리의 계약인데 어떻게 법제화할 수 있느냐는 이유로 법적인 돌파가 안 됐다. 그래서 권리금 자체를 보장하는 방식이 아니라 '회수 기회'를 보장하는 방식으로 논리를 구성해 상가임대차보호법이 개정되게 되었다.

08

권리금안전거래서비스의
활용

상가임대차계약을 하는 경우, 구임차인과 신임차인 간에 권리 양도계약을 먼저 체결하고 , 신임차인과 임대인 간에 점포임대차 계약을 맺게 되는데 이 과정에서 문제가 있으면 권리금지급에 관한 분쟁이 발생한다.

이런 문제를 해결하기 위해 구임차인, 신임차인, 은행 3자가 계약을 맺어 권리금을 안전하게 거래할 수 있도록 하는 '권리금 안전거래서비스(www.paypre.co.kr)'를 이용할 수 있다. 이는 구임차인과 신임차인 간에 개인적으로 이루어지던 권리금 수납을 시스템적으로 할 수 있는 서비스를 제공함으로써 권리금결제시장의 요구사항과 문제점을 해결한 부동산 포털 금융지원시스템이다.

권리양도계약을 체결하고 권리금을 믿을 수 있는 제3자인 은행의 전용계좌에 입금하게 해서 점포임대차계약이 완료되면 신임차인의 지급동의를 받아 구임차인에게 권리금을 지급하는 방식이다. 만약 분쟁이 발생해 신임차인이 지급동의를 하지 않을 경우 법적인 절차를 거쳐 지급하게 됨으로써 안전하게 거래할 수 있다.

'권리금 안전거래서비스' 수수료는 건당 5만 원 수준이며 신임차인에게만 부과한다. '권리금 안전거래서비스'를 통해 믿을 수 있는 제3자가 자금을 보관하기 때문에 신임차인과 구임차인이 대등한 조건에서 협상할 수 있게 돼 임차인 간의 불필요한 갈등을 줄일 수 있다.

🔎 권리금 입금 프로세스

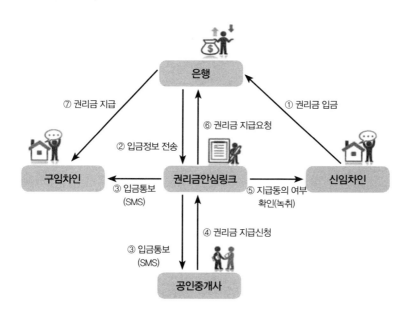

09

권리금 관련
세무

　권리금이란 기존 점주의 영업력에 대한 대가로, 일종의 영업프리미엄을 말한다. 현행 소득세법상 상가권리금은 기타 소득의 하나로 엄연한 과세 대상이다. 권리금이 1,500만 원 이하일 경우 권리금의 4%를 소득세로 내지만 1,500만 원을 넘어서면 세율 적용 구간에 따라서 최대 38%가 부과된다.

　권리금은 계속적 · 반복적 수입이라고 보기는 어렵고 일시적 · 우발적 소득에 해당하기 때문에 기타소득으로 분류된다. 따라서 권리양수자는 권리금에 해당하는 세금을 원천징수하고, 권리양도자는 세금계산서를 교부해야 한다. 권리금을 지급하는 양수인은 권리금의 80%를 필요경비로 공제한 기타소득금액에 20%의 원천징수세율을 적용해 계산한 기타소득세를 다음 달 10일까지 납부해야 한다.

　권리양도자는 다음 해 종합소득 과세표준 확정신고 기간에 해당 권리금과 다른 소득을 합산해 소득세를 신고해야 한다. 이때 이미 납부된 원천징수세액은 기납부세액으로 공제받게 된다. 다만 권리금이 300만 원 이하이고 원천징수됐다면 선택에 따라 소득세 신고를 하지 않아도 된다.

10

소자본 창업의
실전 점포개발

　창업을 결심하고 본인의 적성이나 트렌드에 적합한 유망 아이템을 찾았다 해도 창업이 쉽지 않은 것은 점포를 구하는 데 따르는 문제가 적지 않기 때문이다. 창업서적이나 강좌를 찾아다녀 보아도 입지선정 요령이나 좋은 점포 구하는 방법만 나올 뿐 현실적으로 점포를 구하고 결정하기에는 어려움이 많다.

　오늘은 A지역, 내일은 B지역을 아무리 다녀도 좋은 매물을 구하기에는 문제가 따르게 마련이다. 좋은 점포를 효과적으로 고르는 요령을 알아본다.

● 다양한 정보수집 루트

점포매물에 관한 정보를 수집하기 위해서는 부동산중개업소를 통하는 방법과 일간신문, 부동산전문 월간지와 주간지, 지역정보지, 인터넷 부동산 사이트, 지역상권뉴스, 신문에 삽입되어 있는 상가분양 광고 등의 전단, 신문가판대에서 판매하는 소형 부동산 전문신문, 지역 유통지 및 광고책자, 가까운 지인 등을 통하는 방법 등 다양하게 접할 수 있다. 이 중에서도 부동산중개업소를 통하는 것이 가장 일반적인 방법이다.

이 경우 구두로 매물을 알아보기보다는 서면으로 점포의 형태, 용도, 필요시기, 예정 점포 구입비용, 권리금과 보증금 등의 희망조건을 작성해야 한다. 또 다른 방법은 본인이 신축건물이나 공사 현장사무실을 찾아가 확인하는 방법이다. 이 경우에도 부동산중개업소를 찾아가 중개를 의뢰하는 것도 한 방법인데, 이때 건물주의 인간성이나 신용상태, 건물현황을 알아볼 수도 있다.

● 좋은 점포는 금방 거래된다

특정지역에서 집중적으로 매물정보를 찾아보는 것이 효과적이다. 매물이 대부분 사업성이 부족해서 나온 것이라면 좋은 매물은 빨리 거래되게 마련이다. 좋은 점포는 매물의 특성을 이해하면 쉽게 구별된다. 유명상권에서도 권리금 없는 매물이 나올 수 있다.

예를 들면 하루 유동인구 10만 명이 넘는 이대상권에서도 권리금이 없는 점포가 나온 적이 있다. 이 경우 한 건물에 26~33㎡(8~10평)

단위로 3~4개 점포로 분리된 건물의 1층 점포였는데, 그 건물에는 오래전부터 영업해왔던 세입자도 있고 운영한 지 얼마 되지 않은 세입자도 있었다. 이들의 임차비용은 영업해온 기간에 따라 상당한 차이를 보였다. 기존의 세입자에게는 시세보다 저렴하게 인상하는 것이 관례이기 때문이다. 따라서 건물주는 기존의 세입자들이 오랫동안 영업할수록 상대적으로 인근 시세보다 임대수익을 덜 올렸다.

그러던 중 세입자가 장사를 그만두자 건물주가 보증금과 임차료를 대폭 인상해 계약을 요구해왔기 때문에 권리금을 요구하기 어려운 상황이 된 것이다. 이런 매물은 나오는 즉시 거래되기 때문에 신속히 판단해 계약해야 한다.

● 가까운 지역의 중심상권에서 구한다

자택과 점포의 거리를 최대한 줄이는 것이 매출을 유지하고 가정생활을 원활하게 하는 한 가지 방법이다. 자택과 거리가 가까운 상권이라면 창업자가 상권 특성이나 소비수준, 권리관계 등에 대한 정보가 많을 뿐 아니라 가족이나 지인들의 전폭적 지원을 받을 수 있기 때문에 점포운영에 매우 유리하다.

11

ılıl

점포개발 관련
계약실무

창업자의 실패사례 중 적지 않은 이유가 바로 점포계약과 관련한 것이다. 건물주나 부동산중개업자를 믿고 계약금을 치르고 나면 꼭 문제가 발생한다. 물론 법 없이도 살아갈 수 있는 사람이 많지만 현실은 그렇지 않으며, 실패의 함정은 곳곳에서 예비창업자들을 기다리고 있다.

임대차계약서를 작성할 때는 일반적인 양식의 마지막 조항인 기타사항에 부가조건을 꼼꼼히 명시하는 것이 유리하다.

● 건물주의 신용상태조사

규모가 크든 작든 상관없이 계약은 매매하려는 물건에 대한 매도인의 의도를 알아보는 데서 시작된다. 매도자가 정보가 어두운 임차인을 속여 권리금을 높여 받으려 한다거나 악의를 가지고 가로채려는 경우도 있기 때문이다.

애초부터 권리금을 부당하게 높여 받으려는 목적을 가지고 있는 경우, 매도인이 요구하는 권리금을 그대로 지불하고 들어가는 것은 망하기로 작정한 것과 다름없다. 단지 권리금 문제 때문만이 아니라 이후 사업 번창을 위해서라면 계약 이전에 매도자의 의도에 악의는 없는지 등을 탐색하여야 한다.

매도자의 의도를 파악할 때는 매도자와 비슷한 이해관계가 있는 사람들은 피해야 한다. 주위 환경에 대해 잘 알고 있는 관련자, 점포에 대해 잘 알 수 있는 제3자, 정보지 등을 통해 얻는 정보가 더 객관성이 있다. 기존의 매도인이 사업성이 부족해 점포를 내놓는 경우가 대부분이라고 판단하면 큰 무리가 없다.

● **등기부등본 열람**

임대점포의 정확한 주소를 가지고 관할등기소에서 등기부등본 (토지, 건물)을 확인해야 한다. 또한 소유자와 임대인의 임차관계를 확실하게 확인해두는 것이 좋다. 상가나 점포에 법률상 문제가 있다면 피해보는 것은 결국 임차인 자신이다.

상가건물을 자기 눈으로 확인했다거나 그 점포의 소유자라고 주장하는 사람이 있다 해도 실제로 그러한지는 믿을 수 없다. 법률관계는 눈에 보이는 것이 아니므로 반드시 관련 서류를 확인해서 실수 없이 창업의 길을 밟아야 한다.

한마디로 계약할 때에는 임대하려는 상가나 점포의 권리관계는 어떠한지, 계약금을 받아가려는 사람이 실소유자인지 확인하지 않으면 안 된다. 비록 실소유자와 잘 아는 사이거나 중개업자와 절친한 관계라 하더라도 이러한 확인절차를 거쳐야만 말썽의 소지를 없애고 여러 사태에 대처할 수 있다. 이런 사항은 등기부등본, 부지증명, 토지대장, 건물대장, 도시계획확인원 등을 떼어 봄으로써 확인할 수 있다.

또한 영업행위에 피해를 줄 만한 세세한 부분까지 살펴야 한다. 습기가 많이 차지 않는지, 누수가 되지 않는지, 배수는 제대로 되는지, 화장실 · 전기 · 수도 · 가스 · 환기시설이 제대로 갖추어져 있는지도 살펴본다. 이와 같은 기본시설이 부실하거나 하자가 있으면 입주 전 건물 소유자에게 보수를 요구하는 것이 좋다.

이미 입주한 후에는 영업행위에 지장을 줄 수 있고, 소유주가 책임전가를 할 수도 있기 때문이다. 주인과 하자보수관계가 약정되면 반드시 계약서에 명기하여 이후 책임전가 같은 문제가 일어나지 않도록 한다.

점포를 구할 때 유의할 점

■ 영업이 잘 안 되는 죽어가는 상권의 경우
거주인구가 적거나 유동인구가 적을 때, 영세한 점포들이 밀집해 있는 경우가 이에 해당한다.

■ 도시계획 등으로 곧 상권이 소멸할 곳
생각보다 임대료가 쌀 때는 눈에 곧바로 드러나지는 않으나 상권에 문제가 있는 경우가 많으므로 주의해야 한다.

■ 상권도 좋고 장사가 잘되는 점포를 인수했는데 매도인이 인근에 동종업종으로 창업할 경우
인근에 대형점포 입점이 예정되어 있는 경우 또는 매도인이 인근 지역에서 동종업종으로 재창업할 경우 기존 고객을 끌어가기 때문에 임차인은 기존점포를 임대했을 때 얻을 수 있는 유리한 점을 모두 잃게 된다. 상당한 권리금을 지불하고 건물을 임차했다면 권리금만큼 손해를 본 것이나 다름없다.

■ 상가건물이 영업에 적합한지 분석
임차인은 건물주에게 건물 임차목적을 분명하게 밝히고 건물의 인허가상에 문제가 없는지도 파악해두어야 한다. 가령 일반음식점을 창업하려고 할 때 정화조의 용량부족을 이유로 허가가 안 되는 경우가 있다. 이럴 때에는 건축물 자체의 하자이므로 건물주에게 해결을 요구해야 한다. 멀티게임방, 오락실, PC방의 경우 초·중·고등학교 200m 이내에서는 허가가 안 된다. 임차건물의 위치조건, 구조적 하자 등 임차목적에 관계되는 사항을 점검하여야 한다.

3장

나에게 적합한 업종은 무엇일까

01

소자본 창업의
아이템 선정

아이템이란 업종이나 판매할 상품 또는 서비스의 총칭이다. 자영업을 준비하는 예비창업자가 가장 먼저 선택해야 할 관문이 바로 아이템 선정 문제다. 이는 소규모 자영업뿐 아니라 다른 사업을 준비할 때도 마찬가지다.

아이템 선정에 창업의 성패가 달려 있다고 할 만큼 아이템은 창업에서 큰 비중을 차지한다. 따라서 신중한 자세로 여러 가지 아이템과 관련된 정보, 자료를 분석해 사업타당성을 검토한 후 창업을 결정해야 한다.

어렵게 창업을 결정한 뒤 예비창업자들의 최대 관심사는 잘되는 아이템을 찾는 것이다. 예비창업자들은 아이템을 잘 선택하면 성공을 보장받는 것처럼 생각하는 경우가 많기 때문이다. 쇠퇴기

업종이나 경쟁포화상태인 업종은 피해야 하며 유망 아이템을 선정했더라도 그 자체가 곧바로 성공으로 이어지는 것이 아니라는 것을 인식하고 업종 선택에 임해야 한다.

● 창업 전 주의사항

자영업 창업을 성공적으로 이끌려면 업종선택에 필수적으로 따르는 부분이 입지다. 그리고 창업자와 궁합이 잘 맞는지도 보아야 한다. 결국 아이템과 입지, 창업자와 궁합이 잘 맞아떨어져야 창업에 성공할 수 있다. 어느 한 요소가 좋다고 영업이 특별히 잘되는 것은 아니라는 얘기다.

아이템과 입지가 창업의 외부적 요소라면 창업자와의 궁합은 내부적 요소가 된다. 따라서 유망업종을 골라내는 혜안도 필요하지만 그것 못지않게 장사에 임하는 사람의 태도가 무엇보다 강조된다. 그리고 될 수 있으면 시장에 등장한 지 얼마 안 된 도입기 업종이나 쇠퇴기 업종 등은 피해야 한다. 최근 경기불황으로 소비자의 구매력이 떨어진 만큼 지역에 따라서는 고가 상품을 파는 업종도 피해야 한다.

● 아이템 선정요령

창업할 때 아이템 선정은 어떻게 해야 할지를 숙고해야 한다. 첫째, 아이템을 선정할 때는 무엇보다 상품성을 봐야 한다. 모든 상품은 도입기, 성장기, 성숙기를 거쳐 쇠퇴하게 된다. 아무리 잘 팔리는 상품이라도 성숙기에 있다면 얼마 가지 않아 급격히 쇠퇴할 가능성이 있다.

성숙기에 있는 상품보다는 성장기에 접어든 상품이 더 수익성이 높다는 점을 고려해야 한다. 반면 안정성 면에서는 성숙기 업종을 권장할 만하다.

먼저 아이템을 선정하기 위해서는 상품의 성격을 파악해야 한다. 라이프사이클, 소모성, 계절성, 명예성, 운영성, 인건비, 현금회전율 등이 상품의 성격에 해당된다. 그리고 해당 아이템의 특징을 파악해야 한다. 즉 인기도, 지명도, 지속성, 위험성, 필요성, 애프터서비스 등이 미치는 영향을 파악해야만 체인점을 할지 독립점을 할지 결정할 수 있다.

둘째, 시장성도 무시할 수 없다. 현재 잘 팔리는 물건, 소비자들에게 인기를 끌고 있는 상품이 무엇인지 둘러보아야 한다. 시장성을 파악하려면 경기동향, 시중의 소비경향, 유행의 흐름을 면밀히 분석하고, 기존 시장에 새로 참여할 만한 여지가 있는지 살펴야 한다. 이때 후보 점포입지와 관련된 업종 현황도 파악해야 한다. 즉 희망입지에서 경쟁 여건을 파악하고 진입 가능성을 보는 것이다.

아이템은 전문성이 있어야 한다. 현재 시장에서 인기 있고 잘 팔리는 상품이라도 창업자 스스로 그 상품에 대한 지식이 부족하거나, 창업자의 취미나 적성에 맞지 않는 아이템이라면 성공하기 어렵다. 또한 선정한 아이템에 대한 전문성을 부여할 수 있는지도 검토해야 한다. 자격증, 노하우, 판매기술, 경영능력 등이 이에 해당

한다.

셋째, 아이템 선정이 어려운 가장 큰 이유는 전문성이 부족하기 때문이다. 결국 어떤 상품을 고객에게 판매하려면 판매 아이템에 관한 전문지식을 습득해야만 고객을 설득해 판매할 수 있다. 즉 아이템의 유통, 판매, 소비과정 등을 꿰뚫고 있어야 한다. 전문성이 부족하면 우후죽순처럼 생기는 경쟁업소를 대적할 수 없다.

평생 직장생활만 해오던 퇴직자들로서는 품목이나 업종의 특성까지 처음부터 배워가며 적성을 새로 맞춰 나간다는 것이 쉽지 않지만, 창업 자체가 새로운 직종을 개발하는 일이므로 부단한 노력 없이는 성공하기 어렵다.

🔍 업종 라이프사이클별 특징

라이프사이클	특 징	
도입기	• 특정인만 독점적 사업을 영위함 • 경쟁업소 없음 • 특정지역 중심 아이템 노출 • 정보 입수자 현장 방문 시작 • 매출증가 · 사업성 검증 안 됨	• 친인척 중심의 운영 • 입소문 퍼지기 시작 • 체인본사 설립준비
성장기	• 정보 입수자 창업확산 • 소비자 관심 증대	• 매출 최고에 도달함 • 경쟁업소 증가
성숙기	• 창업 전국 확산 • 과열경쟁 현상	• 매출감소 및 하락 현상 • 가격경쟁으로 폐업 현상
쇠퇴기	• 업소 간 구조조정 현상이 나타남 • 쇠퇴업종으로 전락하거나 유망업종으로 정착 • 업종전환이 고려되는 시점	

창업자가 어떤 과정에서 창업할지, 아이템 자체의 상품성과 시

장성 여부를 살펴 전문성을 부여할 수 있을지, 전문성이 없다면 전문인력을 고용해 이들을 컨트롤할 능력이 있는지를 검토하는 것이 아이템 선정 요령의 핵심이다.

● 아이템 선정과 창업자 내부적 요소

좋은 입지에서 유망 아이템으로 창업한다 해도 창업자에 따라 전혀 다른 결과를 가져오는 것이 사업이다. 따라서 후보 유망 아이템이 선정되었어도 내부적 요소와 조화를 이룰 수 있어야 한다. 창업자의 내면적 요소가 부합해야 후보 아이템을 성공시킬 수 있기 때문이다. 그렇다면 유망 아이템과 관련된 내면적 요소에는 어떤 것이 있는지 살펴본다.

사업은 복합적인 변수가 많이 따르는 만큼 창업자의 지식, 외모, 생활환경, 화술, 사회경력, 성격, 건강, 취미, 재산상태, 운세 등의 요인이 아이템 선정에 영향을 미칠 수 있다. 창업에 실패하는 사람들의 요인을 분석해보면 한결같이 겉모습만 보고 내재된 위험성이나 변수를 파악하지 못한 공통점을 발견할 수 있다. 따라서 다음과 같은 요인들에 유의해 선정한다면 성공은 훨씬 가까이 있을 것이다.

● 아이템 선정과 내부적 요소

무조건 돈 잘 벌리는 아이템을 고른다면 곤란하다. 그것이 혹시 가족에게 혐오감이나 거부감을 주거나, 교육환경에 지장을 주지는 않는지 고려해야 한다. 어려운 사업환경에서 지치도록 일하고 집에 갔을 때 위로해주고 감싸주는 배우자나 가족이 없다면 용기가 나지 않고 일에 대한 회의가 들어 재기할 기회를 놓칠 수도 있다.

● 경험 있는 분야가 유리

경험이 없는 사람이 실패할 확률이 높은 이유는 창업의 이면에 내재한 위험성이나 변수를 파악하지 못하기 때문이다. 따라서 초보창업자의 경우 배우자나 주변 친지들의 도움을 받을 수 있는 아이템이 있는지 고려해야 한다. 그렇지 않은 경우 차선책으로 주위 사람들에게 쉽게 판매할 수 있는 아이템이나 그들이 흥미를 가질 만한 분야를 선정하는 것이 좋다.

● 성격

창업자의 성격이 중요한 이유는 판매 과정에서 상대하는 고객의 성격이 천차만별이기 때문이다. 매출규모가 큰 경우 인내심으로 해결할 수 있겠지만 자영업에서는 판매금액 자체가 아주 미미하면서도 까다로운 고객을 접객하는 경우가 많다. 이러한 고객들을 상대할 만한 융통성이나 인내심이 있는지 고려해야 한다.

● 체력

자영업은 겉보기와 달리 상당한 체력과 인내심이 필요한 업종이 많다. 때로는 엄청난 노동력이 필요한 아이템도 있다. 돈을 번다는 것에만 치중해 건강을 고려하지 않는다면 사업을 장기간 끌고 갈 수 없다. 건강을 잃으면 돈도 귀찮아지는 법이다. 창업자는 영업시간대나 노동력의 과다 여부를 반드시 고려해야 한다.

● 전문성

창업자의 전문성과 관련된 아이템을 선정하는 것이 좋다. 창업 자체가 생존경쟁이다. 경쟁점포보다 경쟁력 우위를 점유하려면 전문성이나 노하우가 있는 아이템을 선정해야 한다. 자신이 특별한 기술, 자격증, 전문분야가 있다면 불경기에 타개할 수 있는 위기관리 능력이 생길 수 있으며, 흥미유발이 가능하기 때문에 사업에 열정을 기할 수 있다.

● 자금규모

성장기라면 수요가 넘치고 공급이 달려 물건을 못 팔게 되는 상황이 전개되는 호황을 누리게 될 것이다. 이러한 시기에는 빚을 내서라도 사업을 확장하는 전략으로 사업을 전개하는 것이 좋다. 그러나 지금은 공급은 많은데 수요가 부족하다 보니 질 좋은 상품과 서비스를 제공해 고객을 많이 확보하는 사람이 성공하는 시대다.

따라서 규모가 큰 창업을 시도하라는 유혹에 빠져들기 쉽다. 규모가 크면 클수록 크게 실패할 위험성이 높아진다는 것을 깨달아야 한다. 초보창업자라면 조그만 아이템이라도 실속 있고 자금규모에 무리가 따르지 않는 범위에서 선정하는 것이 좋다.

● 능력

체인점을 할지 독립점포를 운영할지 등을 결정할 때 이외에도 업종을 선택할 때 자기 연령과 경력에 어울리는지, 사업을 추진할 능력이 있는지를 검토해볼 필요가 있다. 아무리 좋은 아이템이라도 그것을 끌고 나가는 창업자의 능력이 받쳐주지 못하면 오래 버틸 수 없기 때문이다.

이런 점들을 고려한 후에는 목표설정이 명확해야 성공창업의 길이 열린다. 그리고 목표를 향해 도전해가는 정신이 중요하다. 자신이 어떻게 될지, 자기점포를 어떻게 만들어갈지 명확히 하는 것이 중요하다. 자영업 성공의 포인트는 이익을 남기는 것만이 아니라 고객과 더불어 살고 서로 도움을 주어야 한다는 마음가짐이 아닌가 생각한다.

02

상권 · 아이템
잘 맞는지 고민하자

예비창업자들이 하는 질문 가운데 가장 많은 것이 "어떤 업종, 어떤 아이템을 하면 좋을까요?"다. 이 질문에 즉답을 하는 것은 쉽지 않다. 비행기 조종사들은 대개 '부드러운 착륙은 올바르게 접근한 결과'라고 말한다. 업종이나 아이템 선정도 마찬가지다. 딱 맞는 정답이 있다고 생각하기보다는 올바른 접근방법이 있다고 보는 것이 맞다. 좀더 구체적으로 정리하면 다음과 같다.

첫째, 예비창업자 자신에 대한 고민에서 시작해야 한다. 자기 적성은 어떤지, 기존 경험이 도움이 되는지, 투자할 자금여력이 얼마인지, 가족의 의견은 어떤지를 전체적으로 고려해야 한다. 자신에게 맞지 않는 창업은 잘못 끼워진 첫 단추가 될 수 있다.

둘째, 아이템의 시장규모나 경제상황, 트렌드 등을 고려해야 한다. 지속될 줄 알았던 아이템이 한순간 썰물처럼 빠지는 경우가 있는 반면, 시장 트렌드에 부합하는 아이템이면 순풍에 돛 단 듯 고객 확보에 탄력을 받을 수 있다.

셋째, 상권이나 입지가 정해졌다면 해당 상권·입지와 아이템이 잘 부합하는지 생각해봐야 한다. 젊은 여성이 주 고객인 상권에 위치한 추어탕집은 고전하기 쉽고, 대로변의 작은 커피숍은 항상 대형 프랜차이즈 커피전문점의 등장을 걱정해야 한다.

넷째, 머리뿐만 아니라 발을 통해서도 고민해야 한다. 아이템에 대해 충분히 이해해야 하고 이를 위해 여러 가맹점을 사전에 방문해봐야 한다. 전문가나 경험자의 조언을 얻는 것도 필요하다. 창업박람회나 사업설명회 등에 참석하는 것도 정보를 얻는 방법 중 하나다. 발품을 많이 팔수록 성공창업에 가까워진다.

03

소비항목에 따른
업종선정

체질별로 자신에게 어울리는 업종을 선택하는 방법도 있지만, 고객의 소비항목에 따라 업종을 선택하는 경우도 있다. 소비주체인 가정에서 주로 어떤 곳에 소비하는지 항목을 살펴보면 어떤 창업을 해야 하는지 판단할 수 있다. 즉, 사람들이 살아가는 모습을 살펴보면 업종 선택이 쉬워진다. 이러한 경우 반드시 주변의 경쟁자들을 파악하고 진입장벽이 없는지 꼼꼼하게 따져본 뒤 창업을 시도해야 한다.

● 생활관련업종

사람들은 의식주를 해결해야만 기본 생활이 가능하다. 이러한 생활관련 아이템으로 하는 사업을 의식주 아이템 또는 생활관련 업종이라고 한다. 이들 업종은 주로 외식업과 판매업으로 분류되기도 한다. 의류판매업, 생활잡화 · 실내용품 · 문화용품 · 식품류 등의 생필품과 제과점, 외식업 등의 업종이 이에 해당된다.

SSM의 진출로 갈수록 규모가 대형화되는 가운데 전문화 · 차별화를 무기로 고객에게 다가가지 못한 소형점포들이 설 땅이 없어지고 있다. 전문화하지 못한 소형점포들은 업종을 전환하여 브랜드가 중요시되는 프랜차이즈로 대응하는 추세다.

⑥ 24시편의점

동네슈퍼와 달리 24시간 이용할 수 있는 편의점으로 취급상품은 냉장제품, 냉동제품, 음료, 주류, 공산품, 담배 등 3,000종 이상이다. 동네슈퍼, 마트, 식료품가게 등이 편의점으로 업종을 전환한 탓에 4년 전에 비해 56.5%(14,596개→22,842개) 증가한 업종이다. 적정평수는 66㎡(20평)이다. 수익성은 비교적 낮으나 안정적으로 운영이 가능한 업종이다. 창업유형은 위탁가맹형, 임의가맹형 등 투자비용에 따라 다양한 계약조건이 있다. 창업비용은 가맹비 770만 원을 포함해 3,000~5,000만 원선이다.

● 미래대비업종

자식이나 본인의 미래를 위해 교육이나 보험, 저축 등에 투자하게 된다. 우리나라는 교육에 대한 열망이 높은 나라다. 자식만큼은 잘 키워보자는 것이 모든 부모의 소망이다. 유치원이나 유아원도 이미 포화상태에 들어간 지 오래되었다. 유아들을 위한 교육업체는 부익부빈익빈 현상이 날로 심화되고 있다. 차별화나 경쟁력을 갖추지 못하면 신규진입하기에는 부담스러울 지경이다.

성인 관련 교육업체도 마찬가지다. 대학교에 들어가기 위한 학원이나 과외가 기승을 부리고 있다. 유학원들도 호황을 누리기는 마찬가지다. 인터넷이 등장한 뒤부터는 온라인교육업체들도 등장하고 있으나 아직까지는 뚜렷하게 수익을 내는 업체가 많지 않다. 그러나 전반적으로 교육 관련 업종은 호황을 누리는 편이다.

---

⑦ 학원업

초 · 중 · 고 재학생을 대상으로 일반과목(국어, 영어, 수학 등)을 보완하는 학원과 예체능입시, 재능특기교육을 하는 예체능학원으로 구분한다. 학생들의 수가 줄어들고 있는 가운데 사교육비는 해마다 늘어나고 있다. 불황에도 교습학원과 예체능학원 수는 2009년 4만 4,333개, 4만 7,080개에서 2013년 4만 7,805개, 4만 9,509개로 각각 7.8%, 5.2% 증가한 것으로 나타났다. 학원업은 교사, 강사, 교육업종사자 등의 경력자가 유리한 업종이며, 어학계통은 프랜차이즈 가맹창업 형태로 이루어진다. 입지조건은 초 · 중 · 고교가 몰려 있는 대단위 아파트 밀집가, 학원 밀집지역이면 무난하다. 창업비용은 115.7㎡(35평) 기준 가맹비 500만 원을 포함하여 3,500만 원선이다.

● 건강관련업종

살아가기 위해서는 본인의 건강도 유지해야 하므로 병원에도 다니고 운동도 하게 되며, 정신건강을 위하여 스트레스를 풀거나 취미생활을 즐기게 된다. 고령화시대에 돌입하면서 노인계층의 건강에 대한 관심은 물론 직장인들의 스트레스 해소와 주5일제 근무에 따르는 레저활동, 취미활동, 다이어트열풍, 피부미용에 대한 관심, 컴퓨터 이용으로 인한 시력저하, 소화불량 등 건강에 관한 관심이 갈수록 많아지고 있다.

맞벌이 부부가 늘어나는 추세, 1인 가구의 증가 등으로 혼자 있는 시간이 늘어남에 따라 반려동물을 기르는 풍조가 생겨나는 것도 정신건강을 위한 아이템으로 볼 수 있다.

⑧ 안경점

스마트폰, 컴퓨터 사용 증가로 인한 시력저하 문제에 더해 안경을 패션소품의 하나로 인식하게 되면서 안경수요가 늘어나게 됨에 따라 점포수가 2009년 7,318개에서 2013년 8,065개로 10.2% 증가한 업종이다. 인허가사항으로 관할지역 보건소에 개설등록을 신청해야 하며, 개설자 또는 종사자의 안경사면허증이 필요하다. 입지조건은 번화가 핵심상권, 대형쇼핑몰(마트), 대학가 상권, 역세권 핵심상권, 3,000세대 이상의 대단위 아파트 밀집가 등이 적합하다. 점포구입비를 제외한 창업비용은 안경테, 렌즈, 콘택트렌즈 등의 초도상품과 연마기, 시력측정기 등의 장비구입에 약 1억 5,000만 원이 소요된다.

⑨ 미용실

소득증가에 따라 미에 대한 관심이 높아지는 가운데 미용업은 2009년 6만 6,759개에서 2013년 7만 9,691개로 19.4% 증가한 업종이다. 미용실은 퍼머넌트 웨이브, 머리카락 자르기, 머리피부손질, 염색, 머리감기, 손톱 손질과 화장, 피부미용(의료기구나 의약품을 사용하지 않는 순수한 피부미용), 얼굴 손질과 화장 등을 고객들에게 제공하는 서비스업이다. 최근 네일아트, 피부미용 등으로 전문화되어가는 추세다. 입지조건은 주택 밀집가, 원룸, 오피스텔 밀집가, 대학가 상권 등이 적합하다. 창업비용은 점포구입비를 제외하고 66㎡(20평) 규모에 인테리어, 집기비품, 초도상품 등 5,000만 원선에서 가능하다.

● 사업관련업종

돈을 벌려면 돈을 써야 한다. 이 분야는 산업 전 분야에 포진되어 있다고 보는 것이 좋다. 사업관련 소비시장은 무궁무진하고 시장규모를 별도로 측정할 수 없을 만큼 크다. 특히 정보통신 분야 관련 업종이 유망하다. 소자본으로는 점포구입 비용이 부담스러워 소호(SOHO)로 인터넷을 통해 사업을 추진하는 추세이므로 이와 관련된 업종이 유망해 보인다.

---

⑩ 휴대전화 판매점

휴대전화 이용자가 증가하면서 최근 4년간 56.1% 증가한 성숙기 업종이다. 휴대전화 판매, 기기변경, 번호이동 등을 취급하는 휴대전화대리점, 판매점은 비교적 적은 창업비용으로 안정적인 수익을 올릴 수 있다. 재고부담이 없는 것이 장점이며, 판매능력과 공급처에 따라 수익성이 달라진다. 유동인구가 많은 입지여건이 필수적이다. 점포구입비를 제외한 창업비용은 33㎡(10평) 기준 인테리어, 집기구입, 2~3개월 운영비 등 5,000만 원 미만이다.

● 편의추구업종

선진국으로 가면 갈수록 서비스산업이 발달하게 되어 있다. 즉 소득수준이 높아지면 높아질수록 육체적인 노동보다는 정신적인 노동을 하게 마련이다. 따라서 육체적인 노동에 해당하는 3D업종을 직접 해결하기에는 노력에 비해 경제성이 없을 수 있으며, 귀찮다고 판단할 경우 비용이 다소 들더라도 남에게 시키게 된다.

사람들이 대부분 하기 싫어하고, 귀찮아하는 일을 창업업종으로 선택한다면 성공할 가능성이 높아진다. 예를 들면, 사소한 것일지라도 가정에서 재미있는 텔레비전 프로그램을 보는데 누군가 심부름을 시킨다면 귀찮아서 다소 비싸도 배달을 시키기도 하는 것이 현대인의 생활 모습이다.

결국 이러한 고객들을 위하여 고객이 필요로 하는 상품을 판매하고 이윤을 남기는 것이 바로 장사다. 살아가는 모습 속에서 소비행태를 파악할 수 있는 안목이 생긴다면 성공창업의 길은 쉽게 열릴 것이다.

---

⑪ 세탁전문점

맞벌이부부가 증가함에 따라 2009년 2만 822개에서 2013년 2만 2,457개로 7.9% 증가추세에 있는 업종이다. 세탁업은 배달과 수선을 병행하는 세탁업과 세탁물을 관리하는 세탁편의점으로 구분된다. 육체적 노동을 수반하는 기술업종이며, 기술은 물론 성실성이 요구되는 업종이다. 입지조건은 대규모 아파트단지, 다세대·원룸 밀집지역, 대학가 등이 적합하다. 점포구입비를 제외한 49.5㎡(15평) 규모의 창업비용은 7,000만 원선이며, 세탁편의점은 실면적 19.8m²(6평) 기준으로 가맹비 300만 원 등 총 1,563만 원이 든다.
〈관련업체: 크린토피아 www.cleantopia.com 참조〉

04

유행업종과 유망업종의 구분과 업종 라이프사이클

업종이나 상품에는 대부분 도입기, 성장기, 성숙기, 쇠퇴기의 '라이프사이클'이 있다. 업종이나 상품에 따라 그 주기가 긴 것도 있고 짧은 것도 있다. 일반적으로 유망업종은 소비자의 새로운 소비욕구를 충족하며 지속적으로 소비가 증가하는 업종을 말한다. 반면 이런 소비욕구가 지속적이지 못하고 일시적인 현상으로 그칠 때를 유행업종이라고 한다.

결국 유망업종이나 유행업종 모두가 현재 또는 가까운 미래에 소비자의 인기를 얻고 있는 업종임에는 틀림없다. 유행업종은 도입기에서 성장기와 성숙기를 거치지 않고 곧바로 쇠퇴기로 건너가는 특성이 있기 때문에 피해야 한다.

유망업종을 탐색할 때도 그 업종이 창업자 자신에게 적합한지,

위험이 적은 성장기 업종인지 확인해야 한다. 그리고 소비행위의 근간이 되는 수요가 꾸준한지 살펴야 한다.

창업하려면 점포임차료, 시설 및 인테리어비, 점포권리금, 홍보비 등에 투자해야 한다. 사업 자체가 돈을 버는 일이므로, 예비창업자는 당연히 이러한 투자금액의 회수를 고려해야 한다. 보통 점포창업에서 투자금액을 모두 회수하려면 3년이 걸린다. 이러한 관점에서 본다면 최소 2~3년은 꾸준히 고객들로부터 인기를 누릴 수 있는 업종이 유망업종이라고 볼 수 있다.

유행업종은 짧은 기간 높은 수익을 얻을 수 있지만 유행기간이 짧아 결국은 투자금을 회수하기 어렵다. 점포경영이 어려워지면 점포권리금을 제대로 받기 어려운 것이 현실인데 유행성 창업아이템은 바로 이런 점에서 위험성이 있다.

유망업종이라도 창업자 모두에게 성공이 보장되는 것은 아니고, 장소나 창업자의 능력에 따라 결과가 달라지기도 한다. 유망업종은 일반적으로 창업전문가들로부터 추천을 받거나 언론에 기사화된다. 일단 유망하다고 거론되면 많은 사람이 창업을 시도하게 되고 우후죽순처럼 짧은 기간에 경쟁점포가 난립한다. 머지않아 과열경쟁으로 연결되고, 고객들로부터 식상한 아이템으로 인식되면서 점차 사라지게 되는 것이 현실이다.

예비창업자는 사업경험이 없는 만큼 성장기에서 성숙기로 넘어가는 업종으로 창업을 시도하는 것이 비교적 안전하다. 도입기 업종은 소비층이 형성되지 못한 상태라 불안하고, 성숙기 업종은 소비층이 두껍다는 장점이 있지만, 경쟁이 치열해 경험이 부족한 예비창업자에게는 경쟁력이 상대적으로 약하다.

따라서 업종선정은 성장기에서 성숙기로 접어드는 시점에서 선택하는 것이 좋다. 소비자가 늘어나 시장규모가 확대되는 시기이므로 경쟁점포가 많지 않은 것이 특징이다.

신상품 개발이 불가능하거나, 개발된다 하더라도 새로운 시설투자가 이루어져야 하는 업종, 계절적인 업종이나 비수기가 있는 업종, 창업 후 경상비 지출이 많은 업종, 영업시간이나 회전율이 짧은 업종, 문화적으로 미풍양속을 해칠 우려가 높은 업종, 국내법규에 저촉되거나 라이프사이클이 짧은 업종이 유행업종이 될 가능성이 높다.

선택한 업종이 유행업종으로 둔갑해 시장성이 부족하거나 수요량이 약하다고 판단된다 할지라도 아이템 자체가 신선할 때는 낮은 시장성을 극복하기 위해서 또 다른 품목을 함께 판매하는 복합마케팅을 실시함으로써 매출을 극대화해 유행업종의 징후를 극복해나갈 수 있다.

결국 영원한 유망업종은 존재하지 않는다. 새로운 아이템이나 서비스를 개발하고 창업자 스스로 시장을 개척해나가야 한다. 업종의 라이프사이클별 기본운영 전략은 다음 표를 참조하면 된다.

🔍⊕ 유통업종의 라이프사이클과 성공전략

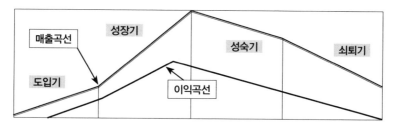

전략/사이클	도입기	성장기	성숙기	쇠퇴기
기본전략	브랜드/ 제품인지도 확대 · 강화	지명도/선호도 확대 · 강화	상표 충실도 유지	선택적 특화
전략 포인트	광고, 홍보 집중 투입	비용절감 노력, 유통침투 확대	시장세분화 집중, 상표경쟁	제품구색 축소, 사업 재정의
제품전략	신소재/ 신제품 제품구색 제한	제품용도 및 표적 다양화 (히트상품 출시)	제품통합 및 차별화, 제품수명 연장	제품 진부화 지연 및 극복
가격전략	높은 가격(초기), 할인제한 (시장 침투)	가격 탄력적 운영	저가격 경쟁력 확보	가격회복 · 유지, 시장점유율 포기
유통전략	핵심 거래처 우선 침투	유통경로 침투 확대	유통효율 추구, 재고압력	유통축소, 선별유지
판촉전략	교육 · 홍보 캠페 인 실시 (수요 자극)	광고 · 판촉 집중	광고 축소, 서비스 강화, 선택적 수요 자극	최소한의 광고, 판촉유지

🔍⊕ 외식업종의 라이프사이클 및 경영전략

구 분	도입기	성장 초기	성장 후기	성숙기	쇠퇴기
매출 항목	시장창조시기	급성장시기	경쟁격화시기	성장둔화시기	하강시기
전략 목표	고객에게 인정받으려는 노력	시장확립	시장력 증대	지위유지와 강력한 사입기구 강화	출혈방지노력

경쟁 상황	없음	적극적인 자세 유지	시장점유율 향상	시장점유율 유지	경쟁상대 감소
가격 정책	–	고객중점주의	광역상권으로 확대	경쟁에서 이길 수 있는 가격정책이면서 이익유지	이익추구만 노력
판매 촉진 대응 방법	지명도 높이려는 노력	브랜드명의 확립 점포나 체인 이름	고객지지율 유지노력	고객내점빈도와 신용향상에 노력	비용절감 효과를 높이려는 노력
홍보 · 광고	고객에게 인적 판매 개인PR와 구전홍보	매스컴 광고 사용	매스컴 광고와 가격할인 예고 광고 병행	광고횟수를 늘린다.	광고빈도를 줄인다. 광고를 중지한다.
메뉴 · 서비스	직접 목표 시장을 결정해서 노력	서비스와 메뉴대상 확대, 신규시장 공략	서비스향상 노력 메뉴 ABC 전략 실행	원가절감 메뉴 재편방향설정	손실을 줄인다.
사입 경로의 특징	중요한 사입경로 파악	집중주의 또는 광역주의 고려	거래처와 유대 강화	거래량, 광고량 모두 증대	손실을 줄인다.
영업상 노력	고객의 집중대 응과 약점 보강	브랜드명의 지명도와 수준을 파악하 고 편차를 줄이 는 노력	서비스와 메뉴 개선	서비스와 메뉴 개선, 경쟁상황 파악	개선, 철수 시기의 판단과 파악

05

사업체 수로 살펴보는
업종선정

　많은 창업자가 동일한 업종을 운영한다는 것은 업종이 포화상태라는 것을 알려주는 신호이기도 하지만 소비자가 존재하는 안정적인 소비시장이 있다는 것을 반증하기도 한다. 위험을 감수하고 도입기 업종을 선택하는 것보다 안정적인 성장기 또는 성숙기의 업종을 선택하는 것이 창업경험이 없는 초보창업자에게는 유리하다.

　다음 표에서 제시한 업종과 사업체 수는 중소기업청의 소상공인상권정보시스템에서 발췌하여 편집가공하였다. 전국에서 활동하고 있는 사업체 수를 정리하였으며, 필요할 경우 상권정보시스템(http://sbiz.or.kr)에서 개별업종의 증감추이까지 세세하게 살펴본다면 업종의 성장기, 쇠퇴기 등을 가늠할 수 있는 라이프사이클까지 분석할 수 있어 업종선정에 도움이 많이 될 것으로 기대한다.

업종밀집도가 높은 음식업, 의류업 및 식품종합소매업, 학원업 등은 <업종표 1~4>에서 세분화된 업종을 확인할 수 있다.

🔍 업종표 1: 50대 전 업종별 사업체 수

No	업종	사업체 수	No	업종	사업체 수
1	한식업	196,662	26	노래방	17,920
2	미용실	101,089	27	만두, 칼국수	17,012
3	의류점	58,922	28	어린이집	14,048
4	부동산중개업	57,997	29	치과	14,035
5	호프, 맥주	56,440	30	꽃가게	13,108
6	커피, 다방	53,200	31	철물점	12,140
7	구내식당	52,847	32	약국	11,992
8	식품종합소매	44,014	33	이동통신기기	11,751
9	프라이드, 양념치킨	43,395	34	바, 카페	10,408
10	라면, 김밥	39,311	35	여행사	10,302
11	단란주점	36,699	36	소주방, 포차	9,734
12	입시보습	36,575	37	안경점	9,291
13	세탁업	31,288	38	인테리어	8,938
14	여관업	31,155	39	피자	8,611
15	예체능학원	30,826	40	욕탕, 찜질, 사우나	8,564
16	자동차수리	27,433	41	문구점	8,013
17	횟집, 일식집	26,151	42	떡전문점	7,911
18	갈비삼겹살	25,818	43	패스트푸드	7,475
19	편의점	23,493	44	세무사	7,369
20	중국음식	21,483	45	보일러, 냉난방용품	7,109
21	이발소	20,072	46	당구장	6,566
22	양식, 경양식	18,931	47	식료품	6,492
23	슈퍼마켓	18,919	48	열쇠판매수리	6,241
24	화장품	18,346	49	인터넷PC방	6,201
25	제과점	18,117	50	순대	6,087

- 자료출처: 2014년 10월 상권정보시스템
- 이 표는 음식업종과 학원업종을 세분화한 후 사업체 상위 50개를 순서대로 정리한 것이다. 소비시장이 비교적 탄탄한 성장기 또는 성숙기 업종을 선정하려면 1만 개 이상 되는 업종 가운데 최근 2~3년간 증가추세를 나타내는 업종을 선정하면 무난하다.

⑫ 보쌈 · 족발전문점

전통음식인 보쌈을 파는 전문점은 소비층이 두껍고, 타 업종에 비해 비교적 유행에 민감하지 않은 업종이다. 보쌈과 족발을 함께 제공하는 업소도 있고, 한 가지 아이템만 전문적으로 운영하는 업소도 많다. 이 업종은 타 음식점에 비해 테이블단가가 4만 원으로 높은 편이다. 전국에서 9,700개 업소가 운영되고 있다. 운영방법은 매장에서 포장판매만 하는 곳도 있고, 상권에 따라 배달까지 병행하는 업소도 있다. 독자적으로 운영할 경우 기술전수창업이 필수적이다. 점포구입비를 제외한 창업비용은 99㎡(30평형) 기준으로 7,500만 원~9,700만 원이며 적합상권은 먹자블록, 역세권, 대단위 아파트 밀집가 등이 유리하다.

〈관련업종: 원할머니보쌈 02-3408-2000/ 놀부 02-1599-5382/ 광천독배보쌈 02-3280-1237

06

외식업의
업종선정

외식이란 집 밖에서 하는 식사로 가족단위의 외식, 학교급식, 직장에서의 식사, 음주 등을 포함한 일체의 먹는 행위를 말한다. 외식업은 소비자의 존재를 전제로 하는 소비산업으로 다른 제조업과 달리 지속적으로 반복수요가 창출되는 전형적인 소비산업이다. 재료를 조리 · 가공하여 제공하는 서비스까지 일련의 행위가 한 장소에서 이루어지는 특성이 있기 때문에 마진율이 상당히 높은 전형적인 고부가가치 서비스산업이다.

외식업의 특징

- 입지산업이라 불릴 정도로 입지가 중요하다.
- 서비스 지향적 산업이다.
- 인적 자원 활용도가 높은 산업이다.
- 기호에 영향을 미치는 산업이다.
- 체인화가 가능한 산업이다.

● 외식업의 업종선정

예비창업자들이 창업에 앞서 업종을 선정하려고 하면 피부에 와닿지 않을 것이다. 보편적인 한식에서부터 양식 관련 전문점, 커피숍, 패스트푸드 등 분야가 다양하지만 결정하기는 결코 쉽지 않다. 업종선정의 가장 기본으로 어떤 음식을 어떤 방법으로 팔 것이냐 하는 문제를 해결해야 한다. 물론 타 업소와 차별화해야만 성공할 확률도 높아진다.

음식관련 업종선정의 내면을 살펴본다면 우선 00전문점이 대다수다. 이 전문점들은 주로 음식의 주메뉴를 강조한다. 모든 외식업소는 기본적으로 음식물을 판매하기 때문에 맛은 최우선으로 고려해야 한다.

다음은 요리 방법으로, 화로구이, 숯불갈비, 맥반석구이, 자연석 돌구이 등의 굽는 방법이 있다. 셀프음식점 등 테이블서비스 방법에 따라 음식점 유형이 달라질 수도 있다. 같은 생맥주를 판매하면서도 동네 호프집, 생맥주전문점, 이벤트전문주점, 요리주점 등으로 다양하다. 이러한 차별화를 통하여 업종선정을 해야 성공가능성이 높아진다.

유형별 업종선정	
음식재료에 따른 업종선정	꽃게요리전문점, 낙지전문점, 오리고기전문점, 복요리, 생고기전문점, 산채요리전문점, 껍데기전문점, 보양탕, 치킨점
국적에 의한 업종선정	한식, 일식, 중식, 양식, 기타 국적요리
주방기물에 의한 업종선정	화로구이전문점, 자연석 돌구이전문점, 맥반석구이
요리방법에 의한 업종선정	철판구이, 석쇠구이, 꼬치구이, 샤브샤브, 전골요리전문점, 바비큐전문점, 숯불구이전문점, 오븐구이
서비스 방법에 의한 업종선정	뷔페전문점, 카페테리아, 정통레스토랑, 배달전문점
시설 콘셉트에 따른 업종선정	비행기레스토랑, 기차레스토랑, 보물선, 랭귀지카페
영업시간에 따른 업종선정	24시해장국, 야식전문점 등

🔎 업종표 2: 주요 음식업종 사업체 수

No	음식업종	사업체 수	No	음식업종	사업체 수
1	한식업	196,662	26	돈가스	2,799
2	호프, 맥주	56,440	27	해물탕, 찜	2,741
3	커피, 다방	53,200	28	매운탕	2,677
4	구내식당	52,847	29	민물장어	2,665
5	프라이드, 양념치킨	43,395	30	종합뷔페	2,591
6	라면, 김밥	39,311	31	민속주점	2,566
7	단란주점	36,699	32	죽전문점	2,362
8	횟집, 일식집	26,151	33	삼계탕	2,174
9	갈비삼겹살	25,818	34	참치	2,076
10	중국음식	21,483	35	도시락	1,958
11	양식, 경양식	18,931	36	샤브샤브	1,923
12	제과점	18,117	37	닭발요리	1,834
13	만두, 칼국수	17,012	38	아이스크림	1,804
14	바, 카페	10,408	39	우동	1,740
15	소주방, 포차	9,734	40	유흥주점	1,729
16	피자	8,611	41	사철탕	1,649
17	떡전문점	7,911	42	스낵	1,616
18	패스트푸드	7,475	43	떡, 한과	1,376
19	순대	6,087	44	토스트	1,363

20	꼬치구이	5,303	45	도넛	1,241
21	떡볶이	5,103	46	복요리	1,225
22	오리	4,484	47	야식배달	1,145
23	낙지, 오징어	4,217	48	찜닭	1,142
24	닭갈비	3,055	49	스파게티	1,075
25	아구전문	2,946	50	동남아요리	906

• 출처: 소상공인정보시스템(2014년 10월 기준)

07

외식업의
성공전략

외식업에서 기본은 QSC(quality, service, cleanness), 즉 맛, 서비스, 위생이다. 그중 가장 핵심이 바로 맛이다. 서비스와 청결은 맛의 효과를 극대화하는 역할을 한다. 식당을 운영하려면 기본적으로 음식이 맛있어야 한다.

그러나 창업자들 대부분이 잘못 인식하고 추진하는 창업전략이 가격이 저렴하고 맛이 뛰어나면 성공할 것이라고 믿는다는 것이다. 여기에 한 수 더한다면 창업비용 절감부분이다. 원칙 없이 비용을 줄인다고 이것도 아끼고 저것도 아껴 식재료의 질까지 떨어뜨리는 일이 빈번하다.

고객을 전혀 고려치 않은 비용절감 발상이 경쟁력을 잃어가게 만든다. 고객의 의사를 완전히 무시한 상태로 창업한다면 음식(상품)이 많이 팔릴 리 없다. 고객은 가격이 저렴한 것만 원하지 않고 전문적으로 맛을 낼 수 있는 식당을 선호하는 법이다.

이러한 고객의 욕구를 감안한 업종선정 요령은, 소비자 입장에서 객관적 시각으로 목표고객을 정하고, 지역특성에 알맞은 메뉴를 선택해 영업을 차별화해야 성공가능성이 높다. 외식업 중에서도 창업자가 요리수준이 낮더라도 외식업을 하는 경우가 많다는 점을 인식하면 예상 외로 업종선정이 수월해질 수 있다. 예를 들면 생고기전문점의 경우 고기 자체의 맛은 굽는 방법으로 해결되기 때문에 좋은 재료만 제공한다면 얼마든지 고객을 유인할 수 있다.

업종 · 업태 선정을 위한 열 가지 키워드

1. 적성, 경험, 능력을 고려하여 잘 아는 업종을 선택하면 불경기 때 타개할 수 있다.
2. 영원한 유망 아이템도 없고 독점 아이템도 없다는 점을 인식한다.
3. 작으면서도 실속 있는 아이템을 선정한다.
4. 현금회전이 빠른 아이템을 선정한다.
5. 체인점 가맹은 신중을 기하고 본사의 능력을 확인한다.
6. 업종선택 시 경쟁점포의 수와 수요, 공급 측면을 고려한다.
7. 초보창업자일수록 도입기 업종을 피하고 보편적인 성장기 업종을 선정한다.
8. 법적 규제가 따르는 업종인지 검토한다. 규제가 있다면 충족할 가능성을 확인한다.
9. 가족의 동의를 얻을 수 있는 업종인지 고려한다.
10. 전문적인 기술이나 지식이 필요한 업종인지 검토하고 선정한다.

업종선정 후 성공을 지향한다면 주력으로 판매할 메뉴를 구성하고, 음식의 맛을 어떻게 내느냐는 것이 중요하다. 그 업체의 맛을 결정하는 요인을 간과하고 메뉴를 선택해 결과적으로 점포의 매출 감소를 불러와 경영을 악화시키고 창업에 실패하는 경우가 많다.

메뉴를 개발하면서 고려해야 할 중요한 요인을 살펴보면 첫째,

고객의 소비심리를 파악하고 둘째, 지역의 특성을 고려해야 하며 셋째, 외식업체의 고객 타깃이 설정되어 있어야 한다.

　기타 요인으로는 판매전략상의 메뉴개발 또는 메뉴의 단가를 결정하면서 객단가를 고려하는 메뉴개발전략 등 많은 요인을 포함하여 새로운 메뉴개발에 임하여야 한다.

메뉴 선정할 때 고려할 사항

- 자신이 좋아하는(관심 있는) 메뉴를 선택한다.
- 독립점인가, 프랜차이즈인가 고려해본다.
- 가격과 소비층, 소비수준을 고려해본다(업종과 입지의 조화를 고려한다).
- 주메뉴와 보조메뉴를 생각해본다(전문점에도 보충메뉴는 필요하다).
- 지역정서를 고려한다.
- 전문가의 조언을 받아본다.
- 메뉴수와 품질수준을 결정한다.
- 조리 레시피를 작성한다.
- 경영주의 주관보다 소비층에 알맞은 객관성이 있어야 한다.
- 세트, 오리지널(창작메뉴) 런치, 디너스페셜 등 고객 선택의 다양성을 고려한다.
- 메뉴의 브랜드화를 고려한다(향후 체인본사가 될 것을 염두에 둔다).
- 요리와 기물의 조화를 고려한다(기물에 따라 음식이 달라 보인다).
- 가격은 경쟁업소와 비교하여 결정한다.
- 자기점포만의 독특한 음식을 판매한다.
- 주류 판매 시에는 안주메뉴를 충실히 준비한다.

08

소매유통업의
업종선정

　특별한 기술 없이도 상품이 우수하고 유망 아이템이라고 판단되면 뛰어들게 되는 소매유통업(판매업)은 점포라는 곳을 통해 영업하게 되는 것이 일반적이다. 최종소비자를 접하게 되는 점포란 판매활동을 하는 장소로, 좁은 의미로는 불특정 다수의 고객을 상대로 상품을 판매하는 상점을 말한다.

　점포는 소매업 최소단위인 사업장과 같은 개념으로 건물 내에 일정한 공간을 점유하며, 내·외장을 하고 상품을 진열해 판매활동을 벌이는 곳이다.

● 판매업의 현황

판매업은 우리가 살아가면서 의식주를 해결하기 위해 필요한 생필품에서부터 사업을 하기 위한 물품 등 각종 유형의 상품을 점포라는 곳을 통해 판매하는 업종이다. 즉 고객이 필요로 하는 상품을 다른 곳에서 매입하거나 생산 또는 제조해 최종소비자인 고객에게 판매하는 것을 주업으로 하는 유통업으로, 도소매업이라고 이해하면 쉽다.

전형적인 판매업종은 편의점, 각종 의류점, 장식품, 가정잡화, 일용잡화, 귀금속잡화, 식료품 등의 품목으로 구성되어 있으며 흔히 우리가 '장사를 한다'고 하면 바로 판매업을 지칭하는 것이다.

상품이 다양하니 업종을 선정하기가 매우 쉬울 것 같지만 1980년대 후반부터 자동화와 대량생산체제가 전 산업에 파급되었다. 이로써 수요와 공급의 역전현상으로 판매업에서도 많은 영업환경의 변화를 가져왔기 때문에 업종선정이 까다로워졌다.

대형유통업체의 등장, 프랜차이즈의 활약, 할인점의 등장, 백화점의 사세확장, 인터넷쇼핑몰의 고도성장 등의 틈바구니에서 소매점들이 갈 곳은 그리 많지 않은 것이 현실이다.

백화점과 대형할인매장의 수가 인구비율로 따져본다고 해도 이미 적정수준을 넘어섰다. 중소규모의 점포들은 대형업체에 밀려 점점 경쟁력을 잃고 있다. 결국 경쟁에서 살아남기 위한 차별화 방법의 일환으로 지금 이 순간에도 각 점포에서는 서비스와 판매촉진에 대한 많은 투자와 노력을 하고 있지만 소매업의 전망은 어둡기만 하다.

소매업을 하는 점포들은 몇 가지 특정상품만 집중적으로 다루는 전문점을 개발하는 창업방법이 필요하다. 대형점포들은 재고품 경비가 부담되기 때문에 잘 팔리는 종류만 취급하는 편이다. 즉, 가격경쟁력이 뛰어난 편이다.

또한 직원들에 대한 상시교육이 가능하기 때문에 정형적인 서비스와 마케팅은 우수하지만 대인사업에는 경쟁력이 약하다. 경제성과 효율성 측면에서 대기업이 손댈 수 없는 것은 대인서비스, 직접판매, 융통성, 민첩성 등이다. 그러므로 대기업이 개인사업과 경쟁할 수 없는 독자적인 영역을 찾아야만 한다.

대인관계에 주안점을 둔 사업 분야에서 기회를 찾는다면 가능성은 있다. 갈수록 대형화 · 전문화되고 있는 유통판매업에 관심을 두고 창업하려면 판매업의 특징이나 성격을 파악하고 이에 대한 계획을 충분히 세워 창업을 시도하는 것이 바람직하다.

● 판매업의 특징

첫째, 주로 의식주와 관련된 소비재를 취급한다. 소비자들의 생활에 필요한 상품을 대신 구매해 적정이윤을 남겨 적당한 가격에 판매하게 된다. 따라서 소비자들이 어떤 상품을 필요로 하고 가격은 어느 정도 수준이 적당한지 지역특성을 파악해 상품구성 전략을 세운 뒤 창업을 준비해야 한다.

둘째, 도매업체에서 상품을 구매해 판매한다. 고객이 필요로 하는 다양한 상품을 구성해야 하는 만큼 제조나 생산을 하기보다는 생산자나 도매업체로부터 물품을 구매해 판매하는 형태이므로 창업자는 구매처 선정에 신경을 써야 한다. 남보다 좋은 물건을 저렴한 가격에 구매하는 것이 바로 경쟁력을 갖게 되는 것이다. 따라서 구매처를 발굴하기 위해 발로 뛰는 노력이 수반돼야 하며, 상품의 가격경쟁력을 확인한 후 구매하는 것이 좋다.

셋째, 소비자에게 최종적으로 판매한다. 점주는 항상 소비자를 접객하는 업무를 하는 만큼 고객의 소리를 간파해 고객 편의를 위해 노력해야 한다. 즉 어떤 상품을 원하고 어떤 서비스를 원하는지 잘 파악해 이에 따른 전략을 세운 뒤 창업하는 것이 좋다. 또한 수요를 가능한 한 정확히 예측해 불필요한 상품구성이나 과도한 물품구성을 피하고, 재고를 줄이는 것이 좋다.

이와 같은 판매업은 유통산업으로 최종소비자를 상대하며, 입지에 민감하게 영향을 많이 받는 입지산업이다. 또한 상권 내 고객들을 상대하는 지역산업이기도 하다.

판매업의 주요 활동으로는 비록 소규모로 운영되긴 하지만 거래처 연구, 상품지식을 요구하는 구입활동, 접객판매, 재고품의 조절, 실내의 배치와 진열, 매상계획과 실시를 위한 판매활동, 소규모 인원이지만 영업장규칙, 복리문제, 종업원교육 등을 위한 인사활동, 현금출납, 지불과 청구, 결산, 세무, 물품출입 확인 등의 경리활동을 필요로 한다.

● 업종선정을 위한 점포의 기본 이해

점포란 판매활동을 하는 장소로 좁은 의미로는 불특정다수의 고객을 상대로 상품을 판매하는 상점을 말한다. 점포는 소매업 최소단위인 사업장과 같은 개념으로, 건물 내의 일정한 공간을 점유하며, 내·외장을 하고 상품을 진열하여 판매활동을 벌이는 곳이다. 일반적으로 '물건을 파는 곳'이라고 한다.

그러나 수많은 점포 가운데 특정점포에 들어가는 고객은 '그점포가 어떤 점포인지(취급품목, 가격, 상품구성, 기호 등)' 미리 알고 있지 않는 한 구매의지를 갖지 않는다는 사실을 이해해야 한다. 각 점포는 무엇을 팔고 있는지 알리기 위해 점두에 간판을 걸고, 쇼윈도를 만들고, 플래카드, POP, 전단 따위 광고수단을 이용한다. 이러한 수단은 점포 밖 예비고객들에게 우리 점포는 이런 점포라고 호소하는 것이다.

고객이 여러 점포 가운데 한 점포를 선택하여 상품을 사기까지 '점포의 존재를 인식하고, 상품을 만나'는 과정을 거쳐 구매를 결정한다는 사실을 이해하는 것이 중요하다. 상품을 사는 고객 뒤를 따라다녀보면, 고객은 여러 점포에서 많은 상품을 만나고 구매가 가능한 여러 매장을 돌아다니지만, 정작 구매하는 상품은 아주 적다는 사실을 알게 될 것이다.

점포에 대한 고객 기대치는 '원하는 상품이나 서비스가 다양하게 갖추어져 있어 많은 상품 중에서 고르고 싶다'는 것이 가장 크다. 그 기대에는 '저렴하면서 품질도 우수한 상품'이란 욕구도 포함되어 있다.

고객이 구매할 때 구매에 대한 판단을 가능케 하는 질이 높은 정보를 점포에 요구하는 것이다. 그러므로 그와 같은 기능, 즉 상품 선택을 가능하게 하는 기능을 어떻게 구성하면 좋은지 설계하는 일이 필요하다.

그러기 위해서는 다른 점포와 차별화된 감각을 풍기는 점포, 고객의 쇼핑이 편리하고 종업원이 근무하기에 능률적인 점포를 만들어야 한다. 대형점이나 소형점을 막론하고 '점포 디자인'의 기본은 '고객이 들어오기 쉽고, 보기 쉽고, 사기 쉬운 점포'를 만드는 것이다.

점포는 단순한 건축물이 아니라 판매하는 측의 의지를 구체적으로 표현하는 곳이며, 판매를 촉진하기 위한 연출이 어우러진 결합체다. 고객과 상품이 만나는 유일한 장소다. 흔히 "점포는 고객을 위해 존재한다"고 한다. 고객이 상품을 찾아내고 선택하여 사는 곳은 점포이지 제조업체 공장이나 소매점포 본부가 아니기 때문이다.

🔍 업종표 3: 주요 소매업종 및 의류업종 사업체 수

No	식품종합소매업	사업체 수	No	의류업종	사업체 수
1	식료품	6,492	16	일반	17,127
2	반찬가게	5,952	17	스포츠	12,141
3	청과물	4,666	18	여성	9,480
4	정육점	4,409	19	아동복	3,843
5	식자재	3,065	20	셔츠, 내의	3,579
6	미곡	2,673	21	남성의류	2,900
7	수산물	2,495	22	한복	2,575
8	생수	2,480	23	맞춤양복	2,125
9	건어물	2,338	24	교복	1,605
10	우유	2,137	25	맞춤양장	1,428
11	닭집	1,273	26	유니폼	664
12	유기농식품	1,181	27	여성내의	663
13	어물	1,021	28	예복, 웨딩드레스	247
14	냉동식품	834	29	가죽모피	216
15	얼음	652	30	청바지	148

• 출처: 소상공인정보시스템(2014년 10월 기준)

09

판매업의
성공전략

판매업의 성공열쇠는 입지선정, 아이템 선정, 디스플레이, 적절한 자금운용에 있다. 물론 기타 부수적인 홍보나 판매기법, 운영전략 등은 창업 이후의 일이다. 창업을 준비하다 보면 입지선정과 아이템 선정이 가장 큰 비중을 차지하는데, 주위를 둘러보아도 내가 하려는 아이템은 주변에 많이 있다는 데에 주눅이 드는 경향이 있다. 주변에 업종이 많다는 이야기는 그만큼 그 지역의 소비 특성을 알 수 있고 또 고객이 어느 정도 있다고 해석하면 된다.

창업 자체가 생존경쟁의 대열에 합류하는 것이다. 따라서 경쟁점포를 잘 분석 · 이해하고 경쟁점포를 이길 수 있는 전략을 세워 사업을 시작하면 된다.

판매업의 종류는 대부분 의류관련업, 식품관련업, 신변잡화, 실

내용품, 가정잡화, 문화용품, 귀금속잡화, 레저용품 등이다. 그러
나 최근 이러한 업종도 전문화되고 있으며 명칭 또한 바뀌고 있다.
창업하려면 자신의 성격이나 적성에 알맞은 업종을 선정하고, 창
업 예정지역의 시장조사를 실시해 수요와 경쟁점포의 수를 파악
하며, 수요가 우세한 업종을 선정해 창업을 시도하는 것이 좋다.

점포의 성공은 상품의 가격, 품질, 다양성과 적절한 조화는 물론
점포의 위치와 최상의 서비스, 진열, 그리고 쾌적한 점포 디자인에
달려 있다. 따라서 소비자의 동향을 파악하는 것이 무엇보다 중요
하다.

이렇게 구조적으로 경쟁력 있는 점포를 구성하고 판매능력을
발휘해 많은 고객이 방문하게 된다면 성공적인 창업이 되겠지만,
여기서 그칠 것이 아니라 판매에 따른 경영을 분석해 새로운 서비
스와 상품을 구성하도록 끊임없이 노력하는 것이 성공창업의 지
름길이다.

---

⑬ 제과점

제과점은 대기업 프랜차이즈의 성장으로 동네빵집들이 문을 닫는 추세에서, 국민식생활
의 변화에 힘입어 최근 독자적인 브랜드가 다시 늘어나는 추세다. 2009년 1만 1,022개 점
포에서 2013년 1만 2,058개로 9.4% 늘어났다. 입지조건은 주택가 진입로상권, 2,000세
대 이상의 아파트 배후상권, 유동인구가 많은 이면도로가 적합하다. 유명브랜드는 커피
와 복합한 베이커리카페로 업종을 전환하는 추세다. 대표브랜드는 빠리바게뜨, 뚜레쥬
르, 던킨도너츠이며 브랜드창업은 가맹비 포함 약 1억 5,000만 원선이다. 독자적인 창업
은 제과제빵 기술습득이 성패의 관건이다. 창업비용은 66㎡(20평) 규모의 점포구입비를
제외한 인테리어, 집기비품, 초도상품 등 6,000만 원선에서 창업이 가능하다.

● 판매업 아이템 선정의 고려사항

업종선정 문제는 도소매판매업을 창업할 때만 적용되는 것이 아닌, 모든 산업에 공통적인 것으로, 창업의 성패가 여기에 달려 있다고 해도 지나친 말이 아닐 정도로 창업에서 커다란 비중을 차지한다. 따라서 결코 서둘러서는 안 되며, 신중한 자세로 여러 가지 정보와 자료를 분석하여 실제 상황, 즉 국내외 시장조사 과정을 거쳐 결정하여야 한다.

특히 업종선정이 잘못될 경우 상품의 재고로 직결되어 많은 손해가 예상되는 만큼 업종선정에서 필수적으로 고려해야 할 사항은 다음과 같다.

판매업종 아이템 선정 시 고려할 사항
• 지역 내 잠재고객이 있는가?
• 동업경쟁점포는 있는가, 있다면 위치와 강점과 약점은 무엇인가?
• 개점하려는 상점은 지역의 욕구를 만족시킬 수 있는가?
• 교통, 주차장 등 접근이 용이한가?
• 공급자로부터 상품구입이 용이한가?
• 창업자의 개인적인 생활에 어려움을 줄 요인은 없는가(자녀교육, 배우자 등)?

10

서비스업의
업종선정

● 소자본 서비스업 창업의 유형

　서비스업의 업종은 고객이 어떤 서비스를 필요로 하여 구매하느냐에 중점을 두고 선정 작업에 들어가야 한다. 소자본 창업에서는 1층 점포가 아니어도 무관하며, 홍보를 많이 해야 하고, 마진율이 높으며, 맨몸으로 창업할 수 있는 업종이 우리가 흔히 생각할 수 있는 서비스업종이다.

　소득수준이 향상될수록 편의를 추구하고 건강, 미용 등에 관심을 두게 되며 불확실한 미래에 대비하기 위해 노력하는 것이 일반인적인 생활모습이다. 여러 가지 다양한 아이디어를 바탕으로 사업에 성공하는 사례도 많아지고 있다. 그러나 창업비용이 많이 소요되지 않는 반면 보이지 않는 허점도 많은 것이 바로 서비스업종이다.

서비스업종에는 소자본 창업으로는 접근하기 어려운 금융, 의료, 레저, 대형유통, 수송, 법무, 통신서비스, 공공서비스 등의 업종을 제외하고도 다양한 업종이 있다. 물론 위와 같은 업종들도 소규모로 접근할 수 있는 틈새업종으로 고려해볼 수 있다.

서비스업종은 꼭 기술이 있고, 아이디어가 탁월하고, 전문성이 있는 사람들만 종사할 수 있는 것은 아니다. 서비스업종의 유형을 살펴보면 기술력이나 전문성이 부족하더라도 도전할 수 있는 분야가 많은 만큼 업종선정에 도움이 많이 될 것이다.

소자본 서비스업종의 창업 유형	
기술력, 전문성을 바탕으로 한 창업	헤어숍, 카센터, 안경전문점, 약국 등
지식기반에 의한 창업	변호사, 컨설팅, 상담직, 교육서비스 등
자금력에 의한 창업	카드, 보험, 각종 사금융서비스, 전당포 등
기계, 장비, 시설에 의한 창업	오락실, 노래방, PC방, 당구장 등
영업방법에 의한 창업	편의점, 전자상거래, 온라인인쇄편의점, 방문교육 등
용역에 의한 창업(편의추구)	인력파견업, 쇼핑대행업, 꽃배달서비스, 청소대행업 등의 대행업무(3D업종으로 분류)
장소에 의한 창업	테마카페, 주유소, 주차장, 커피숍, 산후조리원 등

● **서비스업의 아이템 탐색과 선정**

창업의 출발점은 사업대상인 사업아이템을 확정하는 것에서 출발하게 된다.

성공적인 창업자는 대개 처음에는 창업의지나 사업아이템 등이 명확하지 않은 상태에서도 창업해서 크게 성공하는 경우가 있는가 하면, 처음부터 전략적으로 창업기회와 사업아이템 등을 찾아서 성공하는 경우도 있다.

사업아이템, 즉 사업대상이 탐색되면서 이에 대한 타당성 등이 검토되고 추진되는 것이 상례이나 우선 창업하고 나서 사업아이템을 찾는 경우도 상당히 많으므로 창업 기회는 전적으로 예비창업자의 여건과 주변 환경에 따라 결정되는 것이 일반적이다.

그 대상이 기존에 있는 아이템이든 새로운 아이템이든 관계없이 목표시장이 분명한 서비스나 상품을 사업아이템으로 정해야 한다. 아이템을 선정할 때는 여러 가지 고려해야 할 부분이 많지만 그 핵심은 창업자가 판매할 상품이나 서비스가 시장 수요를 반영하는지 명확히 파악하여 시장과 결합하는 것이라고 할 수 있다.

사업아이템을 선정하기 위한 기법과 절차를 알아보면 후보 아이템을 몇 가지 선정하고 난 후 후보 아이템 중 우선순위를 정해야 하며 마지막으로 예비사업의 성공가능성을 검토하는 순서로 이어진다.

● 아이템 탐색과정

사업아이템 탐색과정은 무엇으로 창업할 것인가의 문제로 창업의 가장 핵심단계라고 할 수 있다. 사업아이템은 매우 다양한 경로로 탐색할 수 있다. 우선 예비창업자 자신의 주변에서 사업아이템을 찾는 것이 중요하다. 직장, 친구, 가족 등 예비창업자의 주변 환경은 창업을 수행하는 기본 토양이 되므로, 사업아이템도 자기 주변에서 찾아나가는 것이 비교적 쉽다.

기술을 가지고 창업하는 경우에는 관련 기술, 제품의 국내외 현재 수준(state of art)을 명확하게 파악하고, 기술이나 제품의 발전방향, 수요의 방향을 예측하는 것 등이 사업아이템을 선정하는 데 매우 중요한 출발점이 된다.

창업자 본인이 관련 기술, 제품 분야의 상세한 정보가 없는 경우에는 유사 분야 내지는 관련 분야에 종사하고 있는 사람들의 기술 동향 내지는 수요예측 등에 대한 객관적인 정보가 큰 도움이 된다.

사업아이템 탐색은 여러 후보 사업아이템을 놓고 전후관계 내지는 기술의 난이도, 시장성 등에 대한 입체적인 자료가 도움이 많이 된다. 예를 들어 기술의 전후관계 등으로 보아 사업아이템의 우선순위, 경제성 등을 고려해서 포트폴리오를 작성하는 것이 도움이 된다.

사업아이템을 선정하기 위해서는 추진하고자 하는 사업에 대한 분석이 필수적이다. 분석 없이 시작하면 실패할 확률이 매우 높기 때문이다. 너무 자세히 분석하다 보면 사업 기회가 사라지거나 창업자의 열정이 식어버리게 된다. 따라서 창업자는 새로운 사업의 생존 가능성, 매력도 등을 미리 분석해보는 것이 필요하다.

그러므로 제한된 자원에 상당한 정도로 애매한 상태에서 상충되는 자료를 바탕으로 우선순위를 정하고 결론을 내리기 위한 지름길을 찾아내면서 행동방안을 모색해야 한다.

다시 한 번 정리하면 서비스상품과 시장의 관계 및 성공가능성을 검토하고 성공가능성이 높은 서비스 유형을 선별한 뒤 이 아이템 유형과 기본요건을 바탕으로 아이템의 실태를 조사함으로써 업종 선정 절차가 완료된다고 할 수 있다.

업종표 4: 주요 학원업종 사업체 수

No	학원업종	사업체 수	No	학원업종	사업체 수
1	보습, 교습, 입시	24,090	26	에어로빅	410
2	피아노, 바이올린	14,443	27	공예	353
3	놀이방	14,048	28	속독	308
4	외국어, 어학	11,496	29	웅변	302
5	서예, 미술	7,605	30	사교춤	300
6	태권도장	6,010	31	블록놀이방	288
7	유치원	4,345	32	유도	244
8	독서실	3,227	33	국가고시	205
9	고시원	2,120	34	검정고시	188
10	종합학원	2,115	35	꽃꽂이	169
11	합기도장	1,479	36	배우/탤런트	157
12	학원기타	1,441	37	공인중개사	146
13	컴퓨터	1,401	38	제과	145
14	검도	1,169	39	피부미용	139
15	주산, 암산, 속셈	1,121	40	가요	131
16	무용	1,045	41	서당	117
17	어린이영어	989	42	디자인	116
18	스포츠댄스	966	43	중장비	77
19	유아교육기관	851	44	전기	68
20	간호조무사	569	45	레크리에이션 지도	67
21	운전	542	46	모델학원	62
22	유아실내놀이터	517	47	편입	58
23	미용	481	48	국가고시(5급)	57
24	국악	446	49	심리변론	57
25	바둑	434	50	예절지도	57

• 출처: 소상공인정보시스템(2014년 10월 기준)

11

서비스업의
성공전략

외식업이나 일반소매업의 경우 시설투자금 환수가 어려운 반면 당장 수익(손익분기점 3개월 이내)을 창출할 수 있다는 점이 강점이라면, 서비스업종의 경우 수익창출(최소 손익분기점 1년)에 시간이 소요되는 특징이 있다.

그러나 업종 특성상 장점으로 대두되는 것이 위험부담이 적고, 소자본 창업이 가능하며, 공간과 시간 제약이 상대적으로 적다는 점이다.

나에게 맞는 서비스업종 아이템을 찾으려 할 때 요즘 잘되는 장사에 초점을 두기보다는 시대에 따라 소비흐름이 변한다는 점을 인식하고 자기 상황에 가장 알맞은 아이템을 선정하면 그것이 바로 유망업종이 되고 경쟁력을 갖추는 데 무리가 없다.

그러기 위해서는 우선 자신의 창업자금에 무리가 없고, 적성이나 성격 그리고 경험 등의 전문성이 고려된 업종을 선정해야 한다.

사업을 처음 시작하려면 기존시장에 도전해야 하는 만큼 기존시장의 틈새를 발견해야 한다. 틈새시장의 유형은 사업의 전 분야에 걸쳐 다양한 방법으로 생길 수 있으나 비교적 창업비용이 적게 들고 장소에 구애받지 않는 아이템이 많이 포진되어 있으므로 그만큼 홍보나 판촉활동에 의존하는 경우가 많은 것이 서비스업종이다.

이러한 서비스업의 틈새시장을 효과적으로 공략하기 위해서는 서비스상품의 경쟁력과 함께 이에 따른 영업능력이 필요한 만큼 사업준비 단계부터 기획과 전략을 충분히 세운 뒤 사업에 접근하는 것이 좋다.

서비스업종 아이템 선정 시 유의사항

- 풍부한 경험과 전문지식을 활용할 수 있는 분야
- 실패할 경우 자본금 회수에 부담이 없는 분야
- 부업 형태나 겸업으로 시작할 수 있는 분야
- 자기자본비율이 높은 분야
- 가족의 동의와 협조를 얻어낼 수 있는 분야
- 소비시장을 파악하고 업종의 성장가능성 고려
- 경험이 필요한 업종의 경우 직간접적인 충분한 경험축적
- 허가, 인가 등의 법적 사항 확인
- 사전준비 필요(손익분기점까지 1년 정도 기일 필요)
- 유행의 흐름을 파악하고 생활 속에서 발견

4장

실패 없는
프랜차이즈 가맹창업

01

프랜차이즈의
기본 이해

프랜차이즈(franchise)와 체인점의 차이는 한마디로 말하면 프랜차이즈가 체인점보다 작은 개념이다. 프랜차이즈는 체인의 한 형태로 체인에는 레귤러 체인(regular chain)으로 불리는 직영체인, 프랜차이즈 체인(franchise chain), 볼런터리 체인(voluntary chain)이라 부르는 임의적 체인 세 가지 형태가 있다. 즉 프랜차이즈란 체인의 하위분류라 할 수 있다.

프랜차이즈(체인사업, 가맹사업)는 일반적으로 체인점이라고 말한다. 주로 외식사업의 체인 중에 프랜차이즈(FC) 시스템이 많은 편이다. 체인시스템은 동질의 다수점포를 동시에 운영·경영하는 시스템으로, 조직상 특징은 본부와 점포가 기능을 분담한다는 것이다.

프랜차이즈 시스템은 본부와는 다른 경영주체가 점포운영을 담당하는 운영방법이다. 본부와 동일한 경영주체가 담당하는 것은 직영체인이라고 한다. 그러니까 체인은 본부와 동일한 경영주체가 운영하는 직영체인과 본부와 다른 경영주체가 운영하는 프랜차이즈로 나뉜다.

그러나 엄격한 의미로는, 체인점이란 두 곳 이상의 장소에서 똑같은 브랜드와 상품과 이미지를 파는 점포형태, 즉 연쇄점을 포괄적으로 이야기하는 것이다.

● 레귤러 체인

체인본사가 독자적으로 자기자본 전액을 출자하여 체인형태를 확장해가는 방식을 말하며, 동일 경영자와 단일 자본에 의한 다점포화를 의미한다고 볼 수 있다. 즉 하나의 기업이 다수 직영점을 내고 본부가 총괄 관리하는 방식의 체인조직을 말한다.

어느 기업이 점포를 몇 개 가지고 있는 경우, 이 점포 전체를 레귤러 체인 또는 직영체인점이라고 한다. 점포가 많이 있어도 결국 같은 회사가 관리 · 감독하므로 기업형 체인이라고도 불린다. 종업원 모집에서 교육, 광고전략, 상품의 일괄매입, 재고관리, 점포경영 등을 모두 본부가 감독한다.

직영점은 모두 본부가 경영하기 때문에 각 점포 점장의 권한은 매우 제한되어 있을 뿐만 아니라 본부의 관리 · 감독 아래 각 점포의 서비스 등의 질적 수준을 일정하게 유지하도록 한다. 즉 규모가 크다는 점을 최대 장점으로 살려 효율적인 경영이 가능하다.

레귤러 체인의 단점은 프랜차이즈 체인방식에 비해 점포개설 비용이 많이 들어간다는 것이다. 점포의 구입, 자금조달을 비롯하여 점포개설 비용도 모두 본부가 투자하기 때문에 자금력 없이는 체인점을 전개할 수 없다. 또한 일부 점포의 경영이 실패할 경우 손해는 전부 본부가 책임져야 하는 위험도 있다. 레귤러 체인은 기본적으로 개설에 들어가는 비용이 있기 때문에 점포수를 급속하게 늘릴 수는 없다.

● 볼런터리 체인

독립자본을 가진 같은 업종의 소매점이 모여서 공동으로 매입하는 등의 형태로 생겨난 체인조직으로, 기능의 일부를 체인본사에 위탁하여 프랜차이즈 시스템을 갖추고 영업하는 방식이다. 공동브랜드에 가깝다고 볼 수 있다.

임의연쇄점이라고도 불리는 볼런터리 체인은 경영의 독립성과 체인화로 얻는 이득을 동시에 충족하고자 하는 체인조직으로 하나의 점포가 복수의 체인에 속하는 경우도 있다.

개별점포가 각각의 독립회사라는 점에서는 프랜차이즈 체인방식과 같지만 가맹점이 본부의 지시에 따르지 않고, 조직의 주체는 어디까지나 가맹점이며, 전 가맹점이 경영의 의사결정에 참여하는 등 가맹점 간 수평관계가 중시된다. 이러한 임의적 체인점은 출발 자체가 쉽지 않지만 저렴한 가격정책을 무기로 하는 연쇄점이나 슈퍼 등의 업종에 적합하다.

가맹점주들끼리 임의적으로 모여 어떤 사안을 해결하거나 경쟁력을 갖추기 위해 시스템을 갖추고 운영하는 수평적 관계를 지닌 체인시스템이므로 가맹자에게 명령할 권리가 없다. 따라서 충분한 성과를 올리기 어렵다고 볼 수 있다.

볼런터리 체인이 프랜차이즈 체인과 다른 점은 가맹비 수입 등으로 돈을 벌기 위한 조직이 아니라 체인화해서 가맹점의 매출을 신장하는 것을 목적으로 하는 것이다. 따라서 회비는 실비 또는 무료인 경우도 있다.

● 프랜차이즈 체인

체인본사와 각 가맹점이 모두 독립자본에 의한 사업자이지만 운영 주체는 체인본사에 있으며, 가맹점은 체인경영의 의사결정에 적극적으로 참여하지 않는 프랜차이즈 시스템이다. 일반 개인인 가맹희망자가 혼자서는 가질 수 없는 사업에 관한 각종 개점 및 경영 노하우를 본부가 먼저 구축·제공해줌으로써 점주는 편리성과 안정성을 부가해 사업을 할 수 있게 되고, 소비자는 동일한 브랜드 이미지로 다점포 체인망에서 양질의 상품을 구매할 수 있으며, 가맹(체인)본부는 가맹비, 로열티, 기타 상품 도매이익 등을 수입으로 해서 피차 사업을 지속적으로 영위해가도록 하는 시스템을 말한다.

🔍 프랜차이즈의 상관관계

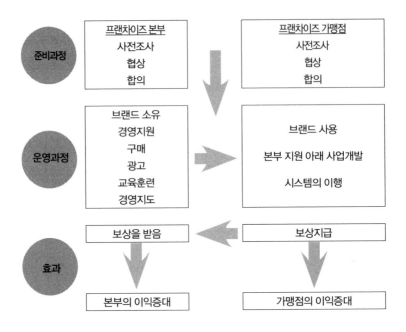

우리나라 공정거래위원회가 1997년 내린 공식적인 프랜차이즈의 정의는 다음과 같다.

"프랜차이즈(franchise)란 가맹사업자(franchisor)가 다수의 가맹계약자(franchisee)에게 자기의 상표, 상호, 서비스, 표, 휘장 등(이하 영업표지라 한다)을 사용하여 자기와 동일한 이미지로 상품판매, 용역제공 등 일정한 영업활동을 하도록 하고, 그에 따라 각종 영업지원 및 통제를 하며, 가맹계약자는 가맹사업자로부터 부여받은 권리 및 영업상 지원의 대가로 일정한 경제적 이익을 지급하는 계속적인 거래관계를 말한다."

즉 이러한 관계에서는 본사와 가맹점 간의 수직적 관계가 중시된다.

프랜차이즈 시스템은 가맹점을 모집하는 본부를 프랜차이저(franchisor)라고 하고 가맹점을 프랜차이지(franchisee)라고 한다. 본사가 미국에 있고 한국에 지사를 개설한 뒤 한국지사에서 프랜차이지를 모집할 경우 한국지사를 마스터 프랜차이지(master franchisee)라고 한다.

마스터 프랜차이지는 미국 본사인 프랜차이저와 계약에 따라 지점이 개설된 해당 국가에서 프랜차이지 계약에 관한 독점권 등을 갖거나 우선권을 갖는 경우가 많다. 이러한 프랜차이즈 시스템은 다양한 업종과 업태에 적용될 수 있다. 즉 프랜차이즈 시스템은 많은 패턴과 비즈니스 방식이 존재한다.

예비창업자들이 이와 같은 프랜차이즈 시스템을 잘만 이해한다면 나름대로 새로운 형태의 뉴비즈니스를 창출해내는 데 별 어려움이 없을 것이며, 본부는 가맹점의 도움으로 짧은 기간 안에 단독사업의 몇십 배, 몇백 배의 사업효과를 거둘 수도 있는 시스템이다.

● 프랜차이즈 체인의 특징

프랜차이즈 체인은 소비자의 시각으로는 직영점과 분간할 수 없는 특징이 있다. 프랜차이즈 체인의 기본은 모양이 같은 점포에 동일한 브랜드로 많은 점포를 동시에 운영하는 경영방법으로, 특징은 브랜드의 위력이다.

같은 상호를 사용하고 내·외장도 같이함으로써 통일된 상품 또는 메뉴, 같은 가격, 같은 서비스를 하는 것이 원칙으로, 다른 점포와 비교할 때 소비자는 같은 이용체험을 하게 되므로 같은 효과를 낼 수 있다.

이용해본 경험이 없는 소비자는 유사한 점포가 있어도 체인이 없는 개별점포의 경우 요리의 맛, 품질, 서비스 등이 어느 정도인지 알 수 없지만 체인은 어느 정도 안심하고 이용하므로 고객유치 능력이 달라진다.

프랜차이즈 체인은 본부에서는 적은 비용으로 다수의 점포를 오픈할 수 있으며, 가맹점이 각각 독립적이기 때문에 본부가 자기 점포를 신설하거나 종업원을 고용할 필요가 없다. 본부는 개설자금을 거의 들이지 않고도 가맹점으로부터 가맹비와 매출이익에 대한 일정 비율의 비용을 받을 수 있다. 가맹자를 모집하는 것만으로 본부 브랜드로 점포수를 늘릴 수 있기 때문에 적은 자금으로 한꺼번에 전국에 여러 점포를 개설하는 것도 가능하다.

한편 가맹점은 본부가 경영이나 상품의 판매 노하우를 지도해주기 때문에 판매에만 전념할 수 있으며, 지명도가 있는 상호와 상표를 사용하게 됨으로써 매출증대에 큰 이득이 있게 된다.

이처럼 본부와 가맹점 양측 모두에게 이익을 주게 되는 시스템이 바로 프랜차이즈 체인시스템이다. 프랜차이즈 체인 방식은 이미 편의점에서 성공을 거두었고 외식업, 서비스업 등 업종에 구애받지 않고 여러 분야로 확산되고 있다.

🔍 업종별 가맹본부, 가맹점 수 추이

구분	업종	2011	2012	2013	2014
가맹 본부 수	외식업	1,598(66.4%)	1,810(67.5%)	2,089(70.3%)	2,251(72.4%)
	서비스업	489(20.3%)	513(19.2%)	601(20.2%)	648(18.6%)
	도·소매업	318(13.2%)	355(13.3%)	283(9.5%)	313(9.0%)
	전체	2,405(100%)	2,678(100%)	2,973(100%)	3,482(100%)
브랜드 수	외식업	1,962(66.6%)	2,246(67.8%)	2,623(71.1%)	3,142(73.3%)
	서비스업	593(20.1%)	631(19.1%)	743(20.1%)	793(18.5%)
	도·소매업	392(13.3%)	434(13.1%)	325(8.8%)	353(8.2%)
	전체	2,947(100%)	3,311(100%)	3,691(100%)	4,288(100%)
가맹점 수	외식업	68,068(39.8%))	72,903(41.3%)	84,046(44.1%)	88,953(45.8%)
	서비스업	62,377(36.5%)	60,535(34.2%)	65,107(34.1%)	61,374(31.6%)
	도·소매업	40,481(23.7%)	43,350(24.5%)	41,577(21.8%)	43,872(22.6%)
	전체	170,926(100%)	176,788(100%)	190,730(100%)	194,199(100%)
직영점 수	외식업	2,984(29.4%)	3,235(28.6%)	3,959(31.4%)	4,432(34.4%)
	서비스업	3,036(29.9%)	3,251(28.7%)	3,006(23.8%)	2,534(19.7%)
	도·소매업	4,135(40.7%)	4,840(42.7%)	5,654(44.8%)	5,903(45.9%)
	전체	10,155(100%)	11,326(100%)	12,619(100%)	12,869(100%)

※ 출처: 공정거래위원회 정보공개서 등록기준

프랜차이즈 가맹창업의
장단점

경험이 없는 초보창업자들이 가장 선호하는 것이 바로 프랜차이즈 가맹창업이다. 실패에 대한 불안감 또는 성공에 대한 불확실성 등으로 고민하는 예비창업자들이 창업환경이나 아이템, 창업자금, 상권의 특성에 따른 여러 변수가 작용하는 창업을 독자적으로 직접 시도하기보다는 가맹비나 기타 비용지불을 감수하더라도 독립점포형태의 창업보다 실패나 불안감을 상당부분 줄일 수 있기 때문이다.

프랜차이즈 가맹창업이 문제가 되는 것은 매스컴에 사기업체 또는 본사 여부에 주의하라는 얘기가 많이 나오기 때문이다. 일부 유명 브랜드를 제외하고는 선뜻 창업을 시도하기에 무리가 따르는 것도 사실이다.

그러나 프랜차이즈 시스템을 충분히 이해하고 창업에 나서면 이러한 문제점들은 어느 정도 해소된다.

프랜차이즈의 장점은 다음과 같다.

첫째, 본사에서 기술을 개발하고, 고객을 관리하며, 물건을 배달해주는 등 경영에 필요한 기본사항을 한꺼번에 제공하고 교육까지 해준다.

둘째, 가맹본사를 중심으로 일괄적인 홍보활동을 실시하기 때문에 개별적으로 홍보하는 것보다 기대효과가 훨씬 크다.

셋째, 원료비가 저렴하다. 가맹본사에서 재료를 대량구매하기 때문이다. 원자재의 품질도 어느 정도 일관성을 확보할 수 있다.

넷째, 기본적으로 프랜차이즈 창업은 이용고객에게 어디서나 동일한 서비스를 받을 수 있다는 기대감을 준다. 즉 고객의 신뢰감을 쉽게 얻을 수 있다.

따라서 가맹점주는 편리성과 안정성을 부가해 사업을 할 수 있게 되고, 소비자는 동일한 브랜드 이미지로 다점포 체인망에서 양질의 상품을 구매할 수 있으며, 가맹(체인)본부는 가맹비, 로열티, 기타 상품도매 이익 등의 수익으로 피차 지속적인 사업을 영위해 갈 수 있다.

프랜차이즈의 단점을 열거하면, 가맹창업에 좀더 주의를 기울여야 한다는 것은 신뢰성이 부족한 프랜차이즈 본사(가맹본사) 또는 본사로서 요건을 충분히 갖추지 못한 회사들이 있기 때문이다.

또는 본사끼리 가맹유치 경쟁을 치열하게 벌여 가맹비는 적게 받지만 인테리어나 초도상품 등의 옵션으로 배를 불린다거나 부실공사 등 다른 편법을 동원하는 일부 본사들 때문에 문제가 되어 왔다.

가맹사업자들의 본사에 대한 맹신적 태도 역시 문제다. 물론 본사를 믿고 행동한다는 것은 바람직할 수도 있지만 본사 역시 영리를 목적으로 활동하는 사업자라는 점을 기억해야 한다. 다소 사업성이 부족할지라도 가맹점을 늘리는 가맹계약을 해야만 사업이 유지되기 때문에 본사의 설명을 액면 그대로 받아들이기에는 무리가 따른다.

아무리 지원체계가 좋고 아이템이 신선하다고 느껴지더라도 사업결과는 달라질 수 있으며, 이 책임은 예비창업자에게 돌아올 수밖에 없다는 점을 간과해서는 안 된다.

🔍 프랜차이즈 가맹창업의 장점과 단점

장점	• 본사의 시스템과 노하우가 있는 제품이 개발 · 공급되기 때문에 실패 위험이 적다. • 사업경험이나 특별한 능력이 없어도 점포운영이 가능하다. 본사에서 정해준 규정대로만 영업하면 되기 때문이다. • 본사에서 일괄적으로 영업, 광고, 판촉 등을 지원하므로 개별활동보다 효과가 더 크다. • 점포설비와 집기비품 등을 본사에서 일괄 구입하여 설치하므로 경비절감 효과가 있다. • 개업 초기에 예상되는 재고부담과 제품의 신빙성 정도를 걱정할 필요가 없다. • 본사에서 지속적으로 신제품을 개발하고 불황을 타개할 수 있는 대책을 강구한다. • 본사에서 법률, 세무회계, 영업 외의 행정업무, 경영에 관한 지도를 해준다. • 단일가맹점으로 성공하면 또 다른 가맹점을 경영할 수 있다.
단점	• 가맹점을 경영할 때 스스로 문제해결이나 경영개선의 노력을 게을리할 수 있다. • 본사 규정이 마음에 안 들고 좀더 좋은 아이디어가 있어도 반영되지 않는다. • 지역 특성에 맞는 광고나 영업활동이 이루어지지 않으면 가맹점이 피해를 입을 수 있다. • 서로 이해가 상반되는 경우, 본사에서 가맹점주의 의사를 무시할 수 있다. • 타 가맹점이 실패할 경우 신용이나 지명도 면에서 영향을 받을 수 있다. • 계약내용대로 업무가 추진되기 때문에 가맹점주의 특별한 요구사항이 반영되지 않는다. • 본사가 운영능력을 상실하게 되면 가맹점은 저절로 폐업하는 경우가 있다. • 불리한 조건의 계약을 해지할 경우 크게 손해를 보는 일이 많다.

03

프랜차이즈와
독립점포 창업의 비교

예비창업자가 창업을 준비하는 데 중요한 부분 중 하나가 프랜차이즈 가맹창업을 할지 독립점포로 창업할지 결정하는 일이다. 이런 결정을 내리기가 쉽지 않은 것은 창업비용과 향후 점포운영에 영향을 미치기 때문이다. 창업과정에서 이러한 중대한 결정은 창업구상에서 점포계약 사이에 일어나는 것으로, 창업자는 프랜차이즈 가맹 창업과 독립점포 창업을 동시에 저울에 올려놓고 사업타당성을 검토해보아야 한다.

프랜차이즈를 선호하는 것은 브랜드의 인지도, 창업과 관련된 노하우, 마케팅 지원, 체계적인 교육지원 등으로 비용이 다소 들더라도 독립점포보다는 성공가능성이 높고 복잡미묘한 창업과정을 본사에 의존할 수 있기 때문이다.

이에 반해 독립점 창업은 창업 초기단계인 입지선정에서부터 업종선정, 점포건설, 상품의 구입과 판매, 운영, 홍보 등을 스스로 판단해 창업하는 형태로, 초보창업자보다는 경험자에게 유리한 사업이다.

독립점포의 최대 장점은 창업비용의 절감이다. 예비창업자가 독립점포로 창업하는 일이 쉽지 않지만 상당수 창업자가 독립점을 선호하는 것은 본인의 창업자금이 부족하거나 국내 프랜차이즈 본사들을 신뢰하지 못하는 경우가 많기 때문이다.

프랜차이즈 가맹점으로 창업할 경우 본사에 관한 정보를 충분히 수집·분석해야 하며, 독립점으로 할 경우는 관련 업종의 정보를 충분히 수집하고 전문가나 선배창업자의 도움을 받아 창업하는 것이 무엇보다 중요하다.

사업이란 프랜차이즈 가맹이나 독립점포 창업 할 것 없이 본인 책임 아래 하는 것이다. 따라서 어떤 형태의 창업이 될지라도 본인 스스로 판단할 수 있는 역량을 키우고 성공의지를 점포에 담아 고객들로부터 사랑받는 점포로 키워나가는 것이 바람직하다.

🔍 독립점포와 프랜차이즈의 비교표

독립점포	사업 분류	프랜차이즈
경험자에게 유리한 사업	사업형태	초보자에게 유리한 사업
창업비용 절감 (본사에 지불하는 비용절감)	창업비용	가맹비, 보증금, 로열티, 인테리어비용 같은 부대비용 (옵션)
마진율이 높다.	마진율	마진율이 낮다.
본인	사업책임	본인
노하우가 필요한 업종 및 기계설비가 있는 일부 업종 외	창업 가능 업종	모든 업종 창업 가능
독자적인 상호개발	상호	본사 브랜드
창업자의 독자적인 콘셉트	점포건설 (시설)	본사의 통일된 콘셉트
독자적인 구매처 확보	상품구매	본사 공급
독자적인 경영 노하우 개발	경영 노하우	본사가 경영 노하우 제공
고객욕구나 시장 변화에 따라 신속한 대응가능	경영 대처 능력	본사의 통일된 의사결정으로 신 속한 대응 불가능
성공할 경우 프랜차이즈 본사로 도약가능	성장가능성	가맹점 수를 늘릴 수 있다.
창업자의 능력에 따라 창의적인 경영 노하우	경영 노하우	본사의 축적된 경영 노하우
독자적인 홍보전략 구사	홍보/마케팅	본사의 공동 마케팅 지원
창업자 스스로 판단	상권조사 (입지선정)	체인본사의 입지조건 또는 상 권조사
창업까지 시간이 오래 걸린다.	창업기일	창업기간 최대 단축

04

본사가 갖추어야 할
10가지 기능

초보창업자가 경험 없이 앞서 열거한 프랜차이즈 시스템의 장단점을 이해하고 이에 편승할 경우 우선 가맹비와 로열티를 제외하고도 창업을 위한 총투자비용을 본부가 집행하기 때문에 상당히 불안할 수 있다.

그러면 창업자는 본부에 가맹비와 로열티를 지불하는 대가로 무엇을 얻어내야 하는지, 본사는 어떠한 기능을 하는지 살펴본다.

프랜차이즈 체인의 최대 특징은 개별점포를 조직으로 만들어 본부와 점포의 역할을 분담하는 것으로, 기능을 분담하여 최대한 힘을 발휘할 수 있도록 만들어놓은 것이다. 점포는 소비자를 직접 대하는 곳이다. 여기서는 상품과 서비스를 제공하여 판매하는 것(콘셉트 실현)만 잘하면 된다. 소비자와 직접 대면하지 않는 업무는 본부가 맡아서 하게 된다. 다시 말하면 본부의 기능은 점포가 담당하지 않는 분야 전부다.

경영기구가 본부와 점포로 나뉘어 있으므로 본부가 사령탑으로서 기능을 하고 점포는 본부의 지시를 따르고 준수하면 된다고 하는 사람도 있으나, 그것이 정확한 답은 아니다. 체인경영조직은 명령시스템으로 움직이는 군대조직과는 다르다.

본부의 기능은 입지의 선정과 평가, 개발, 점포설계, 메뉴작성, 정보시스템의 고안과 실시, 마케팅 및 전체적인 판매활동 실시, 광고 선전활동 등을 하는 것이다.

종업원의 월급 지불은 점포에서 하는 것이 좋은가, 본부에서 하는 것이 좋은가? 그것은 정하기 나름이지만 본부가 준다고 해도 단지 각 점포에서 본부 은행계좌로 돈을 넣어주면 본부가 맡아서 진행하는 것일 뿐이다.

우리나라 체인에서는 직영체인을 제외하고는 급여 부분까지 실시하는 곳은 아직 없다. 체인본부와의 관계가 영화나 연극이라고 하면 시나리오구성은 본부가 맡고 연출과 역할은 점포가 맡아서 하는 것으로 보면 쉽게 이해할 수 있다.

역할분담을 어느 정도까지 할지 계약에 따라 다르겠으나 고객이 실제로 접하는 곳이 점포(종업원)이므로 그 배후에 기획, 디자인, 교육하는 본부가 있다고 보면 된다. 어디까지나 본부와 점포는 기능을 분담한 것이라고 이해하면 좋다. 다음 표에 정리한 10가지 기능이 얼마나 잘 갖추어져 있느냐가 좋은 본사의 기준이 된다.

🔎 본사의 기능 10가지

No	기능	내용
1	시스템개발	인적 · 물적 · 환경적 요인을 고려하여 판매상품을 만든다.
2	원자재개발	가격, 품질, 감각적인 요소 등의 측면에서 원자재를 개발한다.
3	사업장기획	시범사업장을 경영하며 사업내용의 표준화를 추구한다.
4	서비스개발	가격의 저렴함, 상품의 차별, 선택의 다양성 등을 계속해서 개발한다.
5	교육훈련	교육훈련을 통하여 가맹점주에게 지식과 기술을 전달한다.
6	경영지도	실무를 통해 경영이념, 상품교육, 영업방법 등을 주기적으로 지도한다.
7	판매촉진	판촉물, 기념품, 시상품 등 각종 광고 및 홍보활동으로 판매를 촉진한다.
8	이익계획	가맹점주가 요구하는 사업의 이익성을 추정손익계산을 통해 충분히 전달한다.
9	금융지원	예비점주의 투자규모가 부족할 때 본사가 일정액을 지원한다.
10	경영관리	장부기재에서 고객응대에 이르기까지 종합적인 경영기법을 표준 관리한다.

업종별
프랜차이즈 시스템의 특성

프랜차이즈 체인시스템이 본부와 점포라는 기구의 기능 분담관계로 성립된다는 것에 대하여 앞서 설명하였다. 이 시스템은 어떤 업종을 막론하고 적용될 수 있다는 것도 이해할 것이다. 그중 전체적인 공통부분을 제외하면 업종별로 어떤 차이가 있는지 간단하게 살펴보면, 유통 관련 프랜차이즈 시스템의 경우 최대 장점은 대량구매로 매입비용을 낮출 수 있다는 것이다. 조직이 상품을 조달할 때 대량으로 구매하게 되므로 생산업자나 도매업자에 대한 입지가 강화되고 가격인하를 요구할 수 있는 것이다.

또 물량이 많아지면 OEM방식으로 생산에 참여할 수도 있고 직접 수입할 수도 있다. 이러한 점이 가격경쟁력을 갖추게 되는 원동력이 된다. 이와 함께 물류배송기능을 잘 갖춘 것이 특징이다.

서비스업종의 경우 주로 교육 관련 또는 편의추구 업종에 프랜차이즈 시스템이 많이 포진되어 있다. 개발된 서비스 상품을 판매하기 위해 어떠한 장비나 도구를 활용하게 되므로 경험이 부족한 창업자가 전문가 역할을 충분히 수행할 수 있도록 단순화·표준화해놓은 교육시스템과 매뉴얼이 최대 장점이다. 이에 비하여 외식업의 경우 어느 점포를 방문하더라도 맛이 똑같은 요리가 나온다는 것이 최대 장점이다.

독립점포가 주방인력 때문에 골치를 앓고 고민하는 것은 점포의 음식 맛이 사람이 바뀔 때마다 수시로 변하기 때문이다. 또한 인건비도 만만치 않아 요리비용이 높아지게 된다. 프랜차이즈 체인 점포에는 다음과 같은 큰 매력이 있다.

첫째, 체인에서는 같은 메뉴로 영업하므로 조리과정도 모든 가맹점이 동일하며, 본사에서는 숙련도나 전문성이 높아져 요리의 품질향상을 가져올 수 있다. 즉 본사에서 제공하는 완제품 또는 반제품을 각 점포에서 재가공하여 고객에게 제공하게 되므로 요리의 질이나 맛을 안정되게 유지할 수 있다.

둘째, 점포의 주방면적이 절약된다.

셋째, 조리시간이 짧아지고 점포의 노동인력을 줄이며 노동의 대체도 가능하다는 것이 최대 장점이다.

이러한 것을 위해서 본사가 필연적으로 갖추어야 하는 것이 바로 중앙키친시스템(Central Kitchen System)이다. 자본력이 든든한 본사는 직영으로 중앙키친시스템을 갖추기도 하지만 규모가 작은 체인본사는 대부분 경제적 효율성을 고려하여 아웃소싱 형태의

OEM 공장을 두거나 식품회사와 제휴를 맺어 공급체계를 갖춘 업체들이 많다.

　중앙키친시스템에서 가맹점은 고객에게 필요한 최소한의 업무만 하고 외식사업을 펼쳐가는 데 필요한 점포 이외의 업무는 본부가 전부 맡게 된다. 주방장이 없어도 요리가 잘 나올 수 있다는 장점을 지닌 체인업체가 어떤 경로로 고객에게 요리를 제공하느냐가 관심의 대상이 될 것이다.

　특히 요리부분은 일정한 맛을 유지하기 위해 중앙주방에서 반가공 또는 완제품 형태로 만들어 배송하게 되는데 이를 위해 중앙키친시스템이 필요하다.

　중앙키친시스템은 외식업체가 식품공장을 설계하여 대응하는 것으로 대규모 전공정전용조리장(前工程專用調理場, 식품공장)을 말한다. 중앙키친시스템에서 주로 하는 일과 기능은 식재조달 및 발주업무(판매한 분량만큼 자동으로 발주되고 보충해주는 시스템), 조리가공공정, 조리보관기능, 점포로 배송하는 것이다.

　간단하게나마 외식 프랜차이즈 체인시스템의 특징을 설명했지만 이러한 시스템이 없거나 이름뿐인 회사도 많다. 예비창업자는 외식프랜차이즈에 가맹할 경우 가맹비와 로열티를 주는 대가로 본부가 이러한 기능을 충분히 수행할 수 있는가 하는 본사의 능력을 점검하고 가맹을 결정해야 한다. 중앙키친시스템이 없는 프랜차이즈의 경우 사업개시 후 무엇을 어떻게 지원해줄지도 충분히 고려해보아야 한다.

　끝으로 창업시장에서 프랜차이즈 체인의 경쟁은 점포나 상품 등 직접 소비자가 보는 부분이 전부가 아니라 그것을 지원하는 시스템과 시스템의 경쟁이라는 것을 이해해야 한다.

🔍 프랜차이즈 CK(Central Kitchen) 시스템

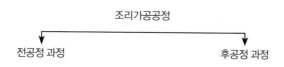

Central Kitchen/전공정 전용 조리장/식품공장	
공급체계 방식	CK시스템의 업무 기능
▷직영 CK시스템	▷식자재 조달과 발주 기능
▷아웃소싱 형태의 OEM 공장	▷조리가공공정 기능
▷식품회사와 제휴	▷조리보관과 배송 기능

06

좋은 본사 선정은
창업성패의 관건

앞서 열거한 프랜차이즈 시스템의 요점을 살펴보면, 결국 독자적인 점포라는 점이다. 영업이 어려워져도 매출의 일정액은 로열티로 지불해야 하고 이미 투자된 창업비용은 거품덩어리가 될 수도 있다. 체인본사의 주고객은 역시 가맹점주다. 가맹점주의 주고객은 점포를 이용하는 소비자다.

그렇다면 독자적인 사업체가 대상이 다른 주고객을 두고 성공이라는 이름 아래 서로 원원할 수 있게 결합된 조직이라는 것이다. 사업이 실패할 경우 독자적 사업체이므로 이에 따른 책임 역시 독자적으로 질 수밖에 없다. 따라서 좋은 본사, 신뢰할 수 있는 본사를 고르는 일이 바로 성공과 직결된다는 점을 인식하면 좀더 신중하고 철저하게 준비할 필요가 있다.

좋은 본사의 기준은 '가맹점의 성공을 통해 본사가 발전한다'는 올바른 기업이념을 실천하는 회사다. 따라서 객관적인 기준을 갖고 선별해야 하며, 선별과정에서 브랜드의 인지도를 너무 맹신할 필요는 없다. 본사는 예비창업자를 위한 봉사단체가 아니라 영리를 추구하는 회사라는 점을 항상 잊지 말아야 한다.

부실한 본사들이 운영과정에서 보여주는 문제점들을 살펴보면 다음과 같다. 물품 공급과 관련해서는, 주문과 달리 주문량과 품목을 임의로 조정하거나, 납기를 지연하거나, 하자물품 또는 재고품 처리를 가맹점에 떠넘기거나, 계약기간 내에 보증금, 로열티, 공급물품가격 등을 사전 동의 없이 일방적으로 인상하여 가맹점에 금전부담을 추가로 지우는 등의 본사 횡포가 있다. 또 가맹점을 모집하기 위해 판촉지원 및 소득관련 사항 등에 대해 다소 무리한 약속을 하거나 광고를 하는 경우가 있다.

약속된 가맹점의 실적에 따른 인센티브 제공, 광고판촉활동, 시설물 유지·보수 등 가맹본부의 판매지원이 불충분한 경우도 있고, 가맹본부에 불만을 시정해달라고 요구해도 해결되지 않거나, 오히려 불이익만 받는 경우도 다반사인 것이 오늘날 창업현장이다.

이러한 문제점들 해결하기 위해 공정거래위원회는 2002년부터 가맹본부의 정보공개서를 사전 제공하는 제도를 시행하고 있으며, 수차례 개정을 거쳐 가맹본부의 정보 제공의무가 강화되었다.

정보공개제도의 이행과 더불어 가맹희망자들의 의식수준도 많이 향상되었고 본사의 경영방침도 상당히 개선되고 있다. 프랜차이즈 체인의 최대 장점인 본부를 통해서 상품을 싸게 매입할 수 있고 유명브랜드의 간판 덕분에 대량으로 팔 수 있게 되면 로열티를 지불해도 순수익이 늘어난다.

다만 경쟁업체의 난립으로 본부들끼리 경쟁이 격화되는 상황에서는 특정브랜드가 유망하다고 할지라도 지속적으로 경영이 잘된다고 볼 수는 없다. 유망브랜드와 좋은 본사를 발굴하고 여러 유형의 피해를 조금이라도 예방하기 위해서는 계약 전 정보공개서에 대한 정확한 이해와 점검이 무엇보다 필요하다.

07

정보공개서의
열람과 분석

정보공개서는 ▲가맹본부의 사업현황 ▲재무정보 ▲가맹점 사업자 평균매출액 ▲영업활동 제한 ▲가맹점 사업자의 비용부담 등이 수록돼 가맹본부의 실체를 가늠해볼 수 있는 공식적 문서다. 따라서 가맹 희망자가 계약체결 여부를 결정하는 기준이 되는 중요한 정보다.

가맹사업법에 따라 프랜차이즈사업을 하려면 가맹본부는 공정거래위원회에 등록된 정보공개서를 법적으로 계약 2주 전에 가맹희망자에게 제공해야 할 의무가 있다. 이 기간이 지나지 않은 경우에는 가맹희망자로부터 가맹금을 수령하거나 가맹계약을 체결하는 행위를 할 수 없다.

그리고 직전 사업연도 대차대조표 및 손익계산서, 가맹점 및 직영점 수, 신규 개점 · 폐점한 가맹점 수, 가맹점 사업자 평균매출액, 광고 · 판촉 비용 등이 변경되면 사업연도가 종료한 날부터 120일 이내, 가맹본부 상호, 명칭, 대표자, 소재지, 법 위반 사실 등은 변경 사유가 발생한 날부터 30일 이내에 변경등록해야 한다. 해당 업체들은 이 변경된 정보공개서를 재등록하지 않으면 신규로 가맹점을 모집할 수 없다.

정보공개서 등록이 취소된 브랜드에서 가맹점을 모집한 경우 등록된 정보공개서 제공의무 위반에 해당돼 법위반 정도에 따라 시정명령, 과징금 부과 또는 형사고발 대상이 될 수 있다. 기한 내에 변경등록하지 않는 경우 1,000만 원 이하의 과태료가 부과된다. 정보공개서의 등록 및 취소된 가맹본부, 브랜드 명단은 가맹사업거래 홈페이지(http://franchise.ftc.go.kr)에서 열람할 수 있다.

🔍⊕ **연도별 정보공개서 등록취소 추이**

구분	2009	2010	2011	2012	2013	2014
등록취소건수	155	226	451	637	588	335 (2014. 11)
정보공개서 등록 브랜드 수	1,901	2,550	2,947	3,311	3,691	4,288

정보공개서의 주요 내용 http://franchise.ftc.go.kr(공정거래위원회 가맹사업거래)

1. 등록현황
 상호, 대표자, 업종, 영업표지, 등록번호, 최초등록일, 최종등록일
2. 가맹본부 일반현황
브랜드 수, 법인설립등기일, 사업자등록일, 전화번호, 팩스번호, 개인/법인사업자, 가맹
사업계열사 수, 최근 3년 재무상황(총자산, 총자본, 총부채, 매출액, 영업이익, 당기순이
익), 임직원 수
3. 가맹사업현황
가맹사업 개시일, 최근 3년간 가맹점 및 직영점 수, 최근 3년간 가맹점 수 변동, 직전년
가맹점사업자의 지역별 평균매출액, 가맹지역본부(지사, 지역총판) 수, 직전연도 광고,
판촉비 지출액, 가맹금 예치제, 최근 3년간 법 위반 사실
4. 가맹사업 관련
가맹사업자의 부담금(가맹비, 교육비, 보증금, 기타비용, 합계), 영업활동에 관한 조건 및
제한(계약기간, 영업지역보호 여부: 독점적 · 배타적 영업지역 설정, 영업지역 설정기준,
가맹계약 갱신과정에서 영업지역을 재조정할 수 있는 사유 및 절차 등), 영업개시 소요기
간 및 교육훈련시간(영업개시 평균소요기간, 교육훈련시간), 브랜드소개
5. 기타
△약관규제법 위반사실 여부 △영업 중 지연이자 부담 여부
△가맹점사업자의 경영 · 영업활동 등에 대한 지원사항
(점포환경개선 시 비용지원 내역, 판매촉진행사 시 인력지원 등의 내역, 경영활동 자문내
역, 신용제공 등)
※ 정보공개서 4개까지 온라인에서 비교 가능

정보공개서의 분량이 방대하지만 예비창업자는 실패를 미연에 방지하기 위해서 필수적으로 몇 가지 사항은 꼼꼼하게 점검하여야 한다. 공개서를 열람해 첫째, 해당 브랜드의 역사와 전통, 사업이력 확인, 사업 개시연도가 언제인지, 해당 사업의 존속기간, 특허권 등 브랜드의 차별성이 있는지를 꼼꼼히 검토해야 한다.

둘째, 총자본과 총부채를 비교해 가맹본부의 재무정보를 파악할 필요가 있다. 매출액 대비 순이익도 분석할 필요가 있다.

셋째, 가맹점 수와 직영점 수, 지역별 가맹점 평균매출, 가맹사업법 위반 사실 여부도 확인해야 한다. 이를 통해 지역별 예상매출

등을 가늠해보고, 향후 위반행위 재발 위험성 등의 가맹사업 현황을 따져볼 필요가 있다.

넷째, 가맹사업의 비용부담조건을 확인해야 한다. 해당 브랜드의 가맹점 개설비용과 영업 전 및 영업 기간 중 가맹점의 부담내역 등도 확인해야 한다. 이때 눈여겨볼 항목은 로열티 및 광고홍보비 부담내역이다. 가맹점 사업자의 비용부담에서는 공식비용 이외 추가비용과 해약사유 등도 상세히 따지고 영업활동에서 가맹본부에서 제공하는 필수품목 이외에 가맹본부 자체 구입 가능 품목도 확인해야 한다. 이외에도 계약기간, 재계약조건 등도 확인해야 한다.

다섯째, 영업지역의 보장 여부도 꼭 확인할 대목이다. 프랜차이즈 계약 시 영업지역 설정 부분이 의무화되어 있기에 영업지역을 얼마큼 주는지도 확인해야 한다.

영업지역보호
정당한 사유 없이 가맹계약기간 중 가맹점사업자의 영업지역 안에서 가맹점사업자와 동일한 업종의 직영점이나 가맹점을 설치하지 못한다. 단, 기존 영업지역 변경사유가 발생하면 가맹계약 갱신과정에서 가맹본부와 가맹점사업자가 협의해 기존 영업지역을 합리적으로 변경할 수 있다.

* **기존 영업지역 변경사유[시행법령] 가맹사업거래의 공정화에 관한 법률 및 같은 법 시행령(2014. 8. 14 시행)**
1. 재건축, 재개발 또는 신도시 건설 등으로 상권이 급격하게 변화하는 경우
2. 해당 상권의 거주인구 또는 유동인구가 현저히 변동되는 경우
3. 소비자의 기호변화 등으로 해당 상품 · 용역에 대한 수요가 현저히 변동되는 경우
4. 제1호부터 제3호까지의 규정에 준하는 경우로서 기존 영업지역을 그대로 유지하는 것이 현저히 불합리하다고 인정되는 경우

가맹창업희망자는 공개서를 토대로 가맹본부와 계약을 체결하기에 앞서 정보공개서의 등록취소 여부, 가맹본부의 사업의사와 정보공개서 재등록 및 제공 여부, 허위·과장 정보제공 등 법위반 가능성에 대해 확인해야 한다. 공정위는 정보공개서가 등록된 브랜드라 하더라도 정보공개서의 주요 내용을 꼼꼼히 확인하는 등 선택에 신중을 기해야 한다.

08

유망브랜드 선정 및
정보공개서의 현장실사

경험이 없는 예비창업자라면 4,002개(2014. 11)의 프랜차이즈 브랜드를 놓고 옥석을 가리기가 쉽지 않다. 또한 가맹본부의 영업시간 규제, 특정 물품 강요 등 불공정행위가 사회문제로 부각되기도 하면서 예비창업자의 프랜차이즈 본부 선택을 힘들게 하고 있다.

잘못된 판단으로 섣불리 계약한 탓에 본사의 도산, 인력지원 불이행, 상권분석 실패, 시공상 하자와 과다비용 징수, 계약금을 노린 사기 등 피해를 입고 상처와 좌절을 경험하는 경우도 많다.

창업을 하고 보니 가맹상품이 저렴한 것이 아니며, 생각보다 많이 알려져 있지도 않고, 투명하게 보이던 본사가 숨기는 것이 너무 많으며, 지원도 말뿐이면 결국 금전적 손실, 사업의욕 저하와 함께 정신적 고통은 이루 말할 수 없다.

예비창업자가 프랜차이즈 가맹창업에서 성공을 거두려면 첫째, 본인에게 가장 적합하다고 생각되는 후보업종을 3~4개 브랜드 정도 선정해 장단점이나 투자비용을 따져보고 순위를 매겨본다.

　둘째, 궁금한 사항들을 미리 적어놓고 후보 업종의 가맹점을 방문해 가맹점주로부터 본사에서의 사후지원체계나 운영할 때 애로사항 등을 꼼꼼하게 살펴본다.

　셋째, 앞에서 알아본 내용에 어느 정도 신뢰성이 확보되면 다음 단계로 본사를 방문해본다.

　본사를 방문하여 확인해볼 사항은 대체로 회사 지명도와 조직 구성, 개인사업자 또는 법인회사, 본사 설립연도와 대표의 인적사항(사업자등록 확인으로 가능), 각 가맹점의 평균매출액을 확인해 현재 운영체계와 향후 발전 방향 등을 판단해보는 것이 좋다.

　이러한 기본사항 이외에도 본사 역량에 따라 성공과 실패의 명암이 결정될 확률이 높다. 따라서 특정 아이템보다는 고객에게 제공될 차별화되는 서비스가 존재하느냐를 살펴보고 추가 아이템과 서비스가 개발될 수 있는 능력 있는 본사인지도 함께 고려해야 한다.

　마지막으로 앞의 조사내용을 바탕으로 후보 업종의 적합성을 따져본 후 본사를 결정하는 것이 좋다.

🔍 브랜드 선정평가

구분	경쟁요소					
브랜드	메뉴구성	브랜드 인지도	분위기	가격경쟁력	예상 투자비용	종합
○○○치킨	★★★	★★★	★★★	★★★★	★★★	16 / 25
○○통닭	★★★	★★★	★★★	★★★★	★★★	16 / 25
○○치킨	★★★★★	★★★	★★★★	★★★★	★★★★	20 / 25
치킨○○	★★★★★	★★★	★★★★	★★★★	★★★★	20 / 25
××치킨	★★★	★★	★★★	★★★★	★★	14 / 25

점검! 좋은 본사 선별 포인트

1. 본부의 재정, 운영상태, 임원의 전직을 확인하라.
* 체인사기, 신용불량자, 소송 등의 전력이 있다면 대표사업자가 수시로 바뀌는 경향
이 있다.
2. 직영점이 있는지 확인하라.
* 직영점이 없다면 운영경험이 없으므로 노하우가 부족하다고 볼 수 있다.
3. 체인점수가 몇 개나 되는지 확인하라.
* 사업성을 대변하므로 가맹점 가입현황에 관련된 정보를 요구하고 발로 뛰어가며 물
어보라.
4. 안정적인 제조, 유통라인이 구축되어 있는지 확인하라.
* 물품제조 및 배송체제가 없는 경우로 본사에서 받을 것이 별로 없다.
5. 체인점 지원을 확실히 하는지 확인하라.
* 가맹비 없음, 로열티 없음 등으로 가맹점을 모집하는 경우, 목적을 파악할 필요성이
크다.
6. 모집광고를 지나치게 많이 하는지 확인하라.
* 광고비가 적지 않음에도 모집광고를 계속하는 경우, 본사가 부실해진다.
7. 급부상하는 신종업종은 추이를 지켜본 후 판단하라.
* 갑자기 업계가 난립하면 시장포화상태, 유행업종의 판단과 더불어 본부의 경쟁력 검
토가 필요하다.
8. 신규브랜드를 마구 늘리는 본부를 주의하라.
* 가맹점 지원보다는 가맹비와 로열티 등에 관심이 더 많은 본부는 아닌가?
9. 독점영업권을 주는지 확인하라.
* 독점권을 보장해주겠다고 했지만 본사도 가맹수입을 늘려야 하므로 재확인
10. 체인점주들의 직접 경험담을 들어보라.
* 본사는 성공점포만 지정해줄 가능성이 있으므로 다른 가맹점주까지 경험담을 확인
해볼 것

점검! 좋은 브랜드 선정 포인트

- 본부가 채택한 사업아이템이 지속적으로 유망한가?
- 본부의 재정은 튼튼하다고 생각하는가?
- 본부의 브랜드가 경쟁력을 갖추고 있는가?
- 브랜드 인지도를 높이기 위해 디자인, 광고에 확실하게 투자하는가?
- 제품개발, 제조, 물류가 원활하게 돌아가는가?
- 개점할 때 무엇을 어떻게 지원해주는가?
- 본부의 주요 수입원은 무엇인가?

09

가맹계약을 체결할 때
유의사항

프랜차이즈 체인사업에 참여하는 것은 계약서 작성으로 이루어진다. 따라서 계약서를 작성하고 서명하기 전 최종적으로 점검을 해보아야 한다. 본사를 결정하고 난 후 점포계약과 가맹계약을 하면 된다.

이때 유의점은 계약에 대한 독점권과 관련규정, 표준약관의 이행 여부, 본사의 입장만 주장하는 일방적인 계약내용 여부, 하자 발생 시 보호 여부, 회사의 광고 및 홍보 활동, 기타 지원 체제, 모든 지원사항의 명시 여부 등의 내용이 담겨 있는 정보공개서대로 이행되겠다는 믿음이 생길 때 계약을 체결해야 한다는 것이다. 계약서는 반드시 공정거래위원회의 프랜차이즈 표준계약서를 사용해야 한다.

계약을 하고 난 후 창업에 앞서 가맹계약자는 사업주체로서 가맹계약자인 동시에 사업의 성과도 가맹점주에게 귀속된다는 점을 인식하고 가맹점과 본사의 상호역할에 대해 올바로 이해해야 한다. 본사가 바로 자기 회사라는 생각은 물론 본사의 정해진 사업의 틀을 바탕으로 자신의 노력과 아이디어를 보완하여 사업성과를 극대화할 수 있는 긍정적인 자세가 필요하다.

가맹계약 체결과정에서 실패한 사례들은 다음에 제시한 한국공정거래조정원의 분쟁유형에 잘 나타나 있다. 가맹계약해지와 계약이행의 청구 항목이 가맹희망자들에게 해당하는 부분이다.

분쟁조정을 신청한 사람들과 상담해본 결과, 이들은 공정거래위원회의 정보공개제도를 잘 모르고 가맹계약을 한 경우가 많았을 뿐 아니라, 대부분 불공정거래행위의 기준 자체를 전혀 모르고 있었다.

가맹본부로부터 가맹사업과 관련된 정보제공이 상당히 미흡할 뿐만 아니라 설사 제공받았다 하더라도 가맹점주가 필요로 하는 정보와 실제로 제공받은 정보(홍보 성격의 자료)에는 상당한 차이가 있는 부분이 많았다.

중소기업청의 실태조사에 따르면 가맹점 관련 정보(자료)를 제공하라고 요구조차 하지 않는 경우가 많았고, 요구한 경우에도 구두로 한 사례가 많았다.

피해자들은 일반적으로 계약서를 제대로 읽어보고 충분히 검토해볼 틈도 없이 계약체결 당시 계약서를 처음 받아보고 성급히 계약을 체결하는 경우가 생각 외로 많았다. 또한 가맹계약을 위해 상당수는 가계약금 형식의 선수금을 지급하게 만들고, 가맹계약서의 내용이 본사에 유리하게 되어 있으며, 계약서의 기본적 기재사항이 부실해 법적인 효력 자체가 문제되는 경우가 다반사라는 점을 주목할 필요가 있다. 그만큼 계약은 신중하고 또 신중히 해야 하며, 가맹계약 체결에서 까다롭게 검토하고 서명해야 본사도 가맹점을 어렵게 생각할 것이다.

🔍➕ 가맹계약 분쟁조정유형

(단위: 건, 2003~2013)

유 형 별	조정절차 완료		기각	조정절차 중단	계
	조정성립	조정 불성립			
가맹점사업자의 가맹계약해지 및 가맹금 반환 신청	990	461	142	327	1,920
일방적 계약변경의 철회	70	40	66	16	192
부당한 갱신거절의 철회	113	56	44	28	241
계약이행의 청구	106	56	21	31	214
부당이득반환	76	35	20	26	157
영업지역의 보장	95	19	18	21	153
상표 및 의장권 침해	4	1	0	0	5
기타	681	147	78	273	1,179
합 계	2,135	815	389	722	4,061

• 출처: 공정위 한국공정거래조정원

10

분쟁이 생겼을 경우
해결방법

계약서를 아무리 잘 작성하였다 하더라도 계약내용대로 진행되지 않을 때는 법적으로 대응할 수밖에 없다. 이러한 경우에 처하게 되면, 법은 멀고 주먹은 가깝다는 말이 실감될 것이다.

가맹을 하여 성공했을 경우에는 별 문제가 안 될 수도 있다. 그러나 다변화시장에서 본사 자체도 조금만 방심하면 무너지는 현실을 감안할 때 본사 도산이 가맹점의 창업실패로 이어지게 되면 대응 능력이 부족하고 영세한 소자본 창업자가 대부분인 현실에서 법으로 해결한다는 것이 오랜 시일이나 정신적 고통으로 인간을 황폐하게 만들 수 있다.

당장 영업이 안 되어 문을 닫는 현실 앞에서 법에 호소한다고 해결되는 일도 아닐 것이다. 규모 있는 본사로서는 경험상 이런 경우

대처 방법이 원활하나 영세한 소자본 창업자의 경우 눈앞이 캄캄해질 것이다. 따라서 사전에 이런 일이 생기지 않도록 철저히 준비해야 하며, 만일의 경우를 대비하여 어떤 해결책이 있는지 미리 살펴보는 것도 계약 못지않게 중요하다.

모든 분쟁은 인간의 감정이 극도로 악화된 상태에서 나오는 만큼 법적으로 해결하게 된다. 그러나 영세한 자영업자인 개인이 기업에 대처하여 대응하기에는 현실적으로 어려움이 너무 크다. 변호사 선임은 물론 법원에 수도 없이 출석해야 하는 어려움과 함께 문서에 비교적 취약한데다 상대방이 교묘하게 시일을 연장하려 든다면 최소 2년 이상은 매달려야 하는 번거로운 일이 될 수 있다.

결국 이겨도 승자는 없고 패자만 생길 수 있다. 소송 이외의 방법을 찾아보면 화해에 의한 방법, 조정에 의한 방법, 중재에 의한 방법, 중재 알선에 의한 방법이 있다.

첫째, 화해(和解)에 의한 방법은 분쟁해결이 오로지 당사자의 의사합치에 달려 있으므로 일방 당사자가 화해를 거부하면 해결이 불가능하다. 화해의 형식이나 절차에 특별한 제한은 없으며, 민법상의 화해와 재판상의 화해가 있다.

둘째, 조정(調停)에 의한 방법은 국가기관인 법관과 조정위원회가 분쟁 당사자를 중개하여 화해의 성립을 원조, 협력하는 제도다. 조정에 의하여 당사자 사이에 합의가 성립하면 재판상 화해와 동일한 효과가 인정된다. 그러나 국가기관의 노력에도 당사자 사이에 합의가 성립되지 아니할 때에는 분쟁해결에 성공할 수 없다.

셋째, 중재(仲裁)에 의한 방법은 분쟁 당사자 간의 중재계약에 따라 사법상의 법률관계에 관한 현존 또는 장래에 발생할 분쟁의 전부 또는 일부를 법원의 판결에 의하지 아니하고 사인인 제3자를 중재인으로 선정하여 중재인의 판정에 맡기는 동시에 그 판정에 복종함으로써 분쟁을 해결하는 자주법정제도로, 국가공권력을 발동하여 강제집행할 수 있는 권리가 법적으로 보장된다. 단심제, 신속성, 비공개성이 특징이며, 외국에서도 중재판정의 승인과 강제집행이 보장되는 등의 장점이 있다.

마지막으로 중재 알선(斡旋)에 의한 방법은 상거래 등 사적인 법률분쟁을 제3자가 개입하여 양 당사자 의견을 듣고 해결합의를 위한 조언과 타협권유를 통하여 합의를 유도하는 제도다. 알선단계에서는 특히 분쟁 당사자 간의 협력이 필요하며 중재합의가 없는 경우에 많이 이용된다.

당사자 간의 비밀이 보장되고 거래관계를 지속시킬 수 있는 장점이 있으나, 양 당사자의 자발적인 합의를 통한 해결이기 때문에 법률적인 구속력은 없다. 따라서 당사자 간 합의가 불가능한 경우 중재합의(계약)를 통하여 중재로 해결하거나 부득이한 경우 소송으로 해결하여야 한다.

현재 정부출연 분쟁조정기관으로 '한국공정거래조정원(http://www.kofair.or.kr)'이 있다. 프랜차이즈 관련 분쟁이 발생하였을 경우 피해내용, 조정절차 등을 참고하여 분쟁조정을 신청하면 된다. 이에 따른 비용은 무료다.

한국공정거래조정원 분쟁조정안내

한국공정거래조정원이 도와드리겠습니다.
한국공정거래조정원은 각종 불공정거래행위로 인해 발생하는 분쟁을 별도의 비용부담 없이 공정하고 신속한 조정절차를 통해 피해를 실질적으로 구제하고 자율적인 경쟁질서를 확립하기 위해 설립된 정부출연기관입니다.

분쟁조정제도 안내

● 도입목적

불공정거래행위로 인한 피해 발생
↓
실질적 피해구제의 어려움
↓
조정을 통한 자율적 해결 유도
↓
소상공인, 중소기업 등의 신속한 피해구제

● 분쟁조정제도의 장점

경제적이고 신속한 분쟁해결

자율적이고 우호적인 분쟁해결

피해에 대한 실질적 구제

공정하고 중립적인 분쟁해결

전문가에 의한 합리적인 분쟁해결

● 공정거래분쟁 조정대상

불공정거래행위로 인한 분쟁

· 거래거절행위
· 차별적 취급행위(가격, 거래조건 등)
· 경쟁사업자 배제행위
· 부당한 고객유인행위
· 거래강제행위(끼워팔기 등)
· 거래상 지위의 남용행위
· 구속조건부거래
· 사업활동 방해행위

● 공정거래분쟁 조정대상

가맹본부와 가맹점사업자 간의 분쟁

· 가맹본부의 허위·과장된 정보제공(예상매출액 등)
· 부당한 계약해지 및 종료
· 영업지역의 침해
· 기타 가맹본부의 불공정거래행위 등

예시
- 정당한 이유 없이 일방적으로 거래를 끊거나 거부하는 행위
- 가격이나 거래조건을 차별하는 행위
- 불합리하게 낮은 가격을 책정하여 경쟁사업자를 배제하는 행위 등

예시
- 투자유인을 위한 허위·과장된 정보제공
- 가맹계약의 일방적인 해지 또는 물류 공급 중단
- 가맹본부가 가맹점사업자 영업지역 내 자기 또는 계열회사의 직영점 또는 동일 업종의 가맹점을 설치하는 경우 등

● 조정절차도

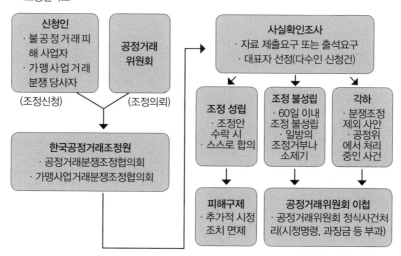

관련기관 홈페이지

정부기관	산하기관 및 단체
공정거래위원회 www.ftc.go.kr 산업통상자원부 www.motie.go.kr 법제처 www.moleg.go.kr 특허청 www.kipo.go.kr 중소기업청 www.smba.go.kr 한국소비자원 www.kca.go.kr 생활법령정보시스템 oneclick.law.go.kr	한국공정거래조정원 www.kofair.or.kr 대한상사중재원 www.kcab.or.kr 소상공인종합정보시스템 www.kfcf.or.kr 한국공정경쟁연합회 www.kfcf.or.kr 대한가맹거래사협회 www.fea.or.kr 한국프랜차이즈협회 www.ikfa.or.kr 한국가맹사업공정거래협회 www.ekcaf.or.kr

5장

점포운영의
핵심 노하우

01

고객의 호출 차임벨에만 의존하면
손님이 줄어든다

　천안의 C샤브샤브 가맹점에서 종업원과 손님 간에 다툼이 일어나 세간을 떠들썩하게 만든 일이 있었다. 경찰이 CC(폐쇄회로)TV를 확인한 결과 임신부 폭행은 없었다고 발표했다. 사이버 공간에서 검증되지 않은 일방적인 정보 전달로 인한 사이버 테러라는 논란도 일었다. 어쨌든 고객을 왕으로 모시고 감동을 주겠다는 음식점에서 일어나서는 안 되는 일임이 틀림없다.

　열악한 환경에서 일하는 종업원의 인권도 존중돼야 한다는 얘기도 나올 수 있다. 음식점을 이용하는 다양한 성향의 고객 중에는 눈살을 찌푸리게 하는 사람도 있을 수 있다. 이로써 C샤브샤브는 기업 이미지 실추와 함께 전국 가맹점들의 매출이 감소하는 피해를 입었다.

이 과정을 가만히 곱씹어보면 사태의 첫째 주범은 차임벨이다. 원래 차임벨은 밀폐된 룸에 부착하는 것이 바람직하다. 문을 닫고 고객들끼리 담소를 나누다 추가주문이나 요청할 사항이 있으면 종업원을 부르게 만드는 시스템이다. 종업원이 시야에 보이지 않으므로 벨을 누르면 종업원이 달려오겠다는 것이다. 열린 공간에서 인력을 효율적으로 운용하기 위해 차임벨을 부착하는 경우도 많다.

결국 차임벨은 고객편의보다 업소편의를 위해 설치하는 것이다. 업소의 잘못된 서비스 방식에 대한 반성 없이 종업원을 비하하는 발언을 한 고객을 나쁜 사람으로 몰아가는 것은 외식업 경영마인드가 부족하다고 볼 수 있다.

서비스업소에 출근할 때는 '간과 쓸개를 자택 냉장고에다 보관하고 오라'는 우스갯소리가 있다.

둘째 주범은 업소의 교육시스템 부재다. 매장 안에서 폭언이 나오고 다른 고객들에게 불편을 초래할 정도라면 고객 불만에 대한 대처요령을 업주가 전혀 교육하지 않았다는 얘기다. 점주가 평소 종업원들에게 접객교육을 철저히 하고 불만을 갖는 고객이 발생하지 않도록 다양한 대처방법을 마련해두지 않은 결과이므로 이에 대한 피해도 점주가 감수해야 한다. 이런 일이 발생하지 않으려면 종업원을 부르기 전 징후를 포착하고, 필요한 것이 없는지 다가가는 것이 최상의 서비스다.

결론적으로 고객과 종업원 간 소통 부족의 결과에서 비롯된 일이다. 업주는 평상시 직원들에게 접객교육을 하거나 불만고객에 대한 다양한 대처요령을 숙지시킬 책임이 있다. '알아서 하겠지'라는 안이한 생각은 가게문을 닫는 사태를 불러올 수 있다는 점을 명심해야 한다.

02

남편한테도 못 받은 사탕…
작은 감동으로 단골 만들기

좋아하는 여성에게 사탕으로 사랑을 고백하는 화이트데이(3월 14일)에 관련업계인 호텔, 백화점, 제과점, 커피전문점, 꽃집, 편의점 등에서는 다양한 기획상품과 이벤트를 마련해 높은 매출실적을 거둔다.

대기업이나 대형자영업소는 고객을 위해 사은행사를 마련할 여건이 되겠지만, 하루 100명 미만의 고객이 방문하는 작은 가게나 식당에서 화이트데이를 기념해 조그마한 사탕 한 봉지씩 선물하려고 마음먹기가 그리 쉽지 않다.

몇 년 전 봄날 서울 수유리 4공원 인근의 조그마한 식당에 점심을 먹으러 간 적이 있다. 계산대 부근 테이블에 자리 잡았는데 우연히 주부 한 무리가 식사를 끝내고 계산하는 모습을 지켜보게 됐다. 식당 주인이 나가는 손님들에게 일일이 포장된 예쁜 사탕을 선물하는데, 주인의 부드러운 말투에 깔끔한 외모가 인상 깊었다.

그중 한 여성 손님은 "사장님이 우리 집 남편보다 훨씬 낫네요. 저는 태어나서 처음으로 화이트데이에 사탕 선물을 받았어요"라며 들뜬 모습으로 기뻐했다. 그 손님들은 그 식당의 단골손님이 됐을 게 틀림없다.

주변에는 영세한 음식점이 너무 많다. 다들 경쟁업소가 많이 생겨나고 식재료비가 올라 식당을 운영하기가 너무 힘들다고 호소한다. 그러나 동네마다 10곳 중 한두 곳은 불황을 모르고 성업 중인 식당이 분명히 있다. 어려울수록 고객들의 마음을 헤아려 정성을 베풀 수 있는 기회를 많이 만들어야 위기를 극복할 수 있다.

---

⑭ 김밥전문점

중저가의 각종 김밥과 아울러 부가적으로 라면, 우동, 만두, 떡볶이 등의 분식류 메뉴를 소비자들에게 제공하는 업종이다. 2014년 10월 기준 전국에서 3만 9,311개 업소가 운영되고 있다. 프랜차이즈 대표브랜드는 김가네김밥, 종로김밥, 김밥천국이며, 기타 40여 브랜드가 있다. 학원가(중·고·대학교) 상권은 고객의 80% 이상은 중·고교 학생들이며, 오피스 밀집가 상권은 직장인이 주고객이다. 먹자블록, 주택 밀집지역 등도 적합상권이다. 점포구입비를 제외한 창업비용은 33㎡(10평) 기준 가맹비 500만 원을 포함하여 총 3,800만 원선이면 창업이 가능하다.
〈업종문의: 김가네 02-923-7127/ 종로김밥 02-447-1154/ 김밥천국 02-882-8222〉

하루 매출에서 1만 원씩만 고객들을 위해 따로 비축해둔다면 매월 30만 원은 마련할 수 있다. 이렇게 준비해둔 돈으로 매월 특별한 날 고객들을 위해 다양한 행사를 펼칠 수 있다. 특별한 날을 기념해 사은행사를 효과적으로 펼치려면 선물이나 혜택을 주겠다

고 미리 알리는 것보다는 손님이 예측하지 못한 상황에서 조그마한 선물이라도 마음을 담아 전달하는 게 좋은 방법이 될 수 있다. 특별한 날에는 조그만 선물에도 손님이 감동하는 법이다.

매출을 올리려는 장사꾼의 속셈이 드러나지 않도록 명분을 만들어두는 지혜도 필요하다. 치솟는 물가에 빡빡한 지갑사정, 직장인들이 5,000원으로 점심 한 끼 해결하기 어려운 환경에 웃을 일이 별로 없다는 게 요즘 세상사다.

짧은 순간이지만 고객에게 기쁨을 주려는 노력을 다하는 업소는 그만한 대가가 돌아오게 마련이다. 손님들은 대부분 많은 것을 바라지 않는다. 조그마한 정성과 따뜻한 말 한마디와 웃는 얼굴에 기뻐한다. 기분이 흡족한 고객이 매출을 더 올려주는 것은 인지상정이다.

03

고객의 마음을 읽으면
매출이 오른다

고정고객 창출이 사업성패를 좌우한다. 스마트폰시대에 살고 있는 고객은 온·오프라인의 경계를 넘어 다양한 정보를 접하게 된다. 그렇기 때문에 기존의 거래처보다 좀더 서비스가 좋고, 좀더 저렴하고, 좀더 분위기가 좋은 곳이라면 얼마든지 바꾸기 마련이다.

따라서 점포운영자의 경우 고객만족을 충족시키지 못하면 기존 고객을 잃게 되고, 또 다른 새로운 고객을 확보하기 위해 여러 가지 판매촉진활동을 전개해야 한다. 신규고객을 유입하기 위한 비용지출은 필연적으로 따르기 마련이다.

신규고객 확보도 중요하지만 기존의 고객서비스를 강화하는 것이 신규고객을 유치하는 데 들이는 노력보다 안정적이고 효율적인 매출관리를 위해서 중요하다고 판단되는 대목이다. 그러니 기존의 단골고객도 자주 올 때 더욱 잘해주라는 이야기다. 요즈음 가까이 있는 부인에게 평소 잘해주지 못해 불화를 일으켜 이혼율이 급증하는 것과도 같은 맥락이다.

우리가 자주 듣는 말에는 "고객을 감동시켜야 한다." "고객은 왕이다" 등이 있다. 물론 조직적으로 잘 훈련되어 있는 대형업소나 호텔 등의 업소에서는 이러한 용어에 걸맞은 서비스를 제공하려고 노력한다는 것을 인정한다. 하지만 영세한 소형점포에서는 마음뿐이지 고객을 왕처럼 모시기에는 현실적으로 한계가 있다. 그렇다면 어떻게 해야 고객 마음을 사로잡아 우리 점포의 고정고객으로 만들어낼 수 있을까?

● 마당발이 되어야 성공한다

특별히 업소에 거부감을 갖지 않은 경우라면 일행 중 누구인가 "내가 잘 아는 집이 있는데…"라며 강력하게 추천해 그 업소를 찾게 되는 경우가 많다. 이러한 고객을 업소의 충성고객이라고 한다. 이 같은 고객층을 확보하는 일은 최고의 구전홍보 효과를 불러오게 된다. 모든 고객과 개인적 친분관계나 유대관계를 맺으려고 노력해야 한다. 친구 같은 주인, 형 같은 주인, 언니 같은 주인, 동생 같은 점주가 되도록 노력해야 한다.

● 불평하는 고객이 진짜 고객?

점주로서는 매출기여도가 낮은 고객들까지 왕처럼 모시기에는 무리가 따르기도 한다. 그러나 고객의 불평을 원만하게 해소해주었을 때 충성고객으로 돌변할 가능성이 높다. 불평은 그만큼 관심이 있다는 증거이기도 하다. 이런 고객, 저런 고객 다 놓치고 나면 결국 망하는 길밖에 없다는 것을 깨달아야 한다.

고객이 다소 무리한 요구를 할지라도 웃으며 의연하게 고객의 요구를 들어줄 수 있어야 한다. 고객들이 어떤 불평을 자주하는지 불평유형을 파악하고 개선하고자 노력할 때 고객들은 점포에 신뢰를 보내준다.

● 웃으면 돈이 들어와요!

업소에서 좋지 않은 표정으로 고객을 맞는 것은 고객의 기분을 상하게 하는 치명적인 결과를 초래한다. 종업원이 웃으며 고객을 접객해야 하는 것은 물론이다. 종업원 교육을 잘하면서도 정작 업소주인은 자신이 고객을 접객하는 종업원이 아니라는 어리석은 생각을 하기 때문에 표정관리를 하지 않는 경우가 있을 수 있다.

그러나 고객은 예상외로 주인에게 관심이 많다는 것에 주목해야 한다. 따라서 개인적으로 가정사나 점포운영상 화나는 일이 있더라도 불편한 심기가 고객들에게 나타나지 않도록 연기자들이 무대에서 연기를 하는 것처럼 점포 내에서는 표정관리를 잘해야 한다.

● 새로운 분위기를 만들어라!

고객은 항상 같은 분위기, 같은 서비스에 식상해 한다는 것을 인식해야 한다. 때로는 좋은 서비스를 제공하는데도 새로운 곳으로 찾아가고 싶어하는 습성이 있다. 이러한 고객을 위해서 합리적인 가격정책과 분위기 개선을 위한 이벤트 등을 수시로 마련해 고객의 변화 욕구를 충족해줄 수 있어야 한다.

소형업소에서 가격으로 경쟁한다는 것은 경영상 어려움이 따르게 되고 서비스의 질을 떨어뜨릴 확률이 높다. 고객이 진정으로 원하는 것은 합리적인 가격이지 무조건 싼 가격은 아니다.

● 스마트폰에 3,000명의 연락처를 만들어라!

여러 판촉활동이나 서비스전략으로 고객의 방문을 유도하는 데 성공했다 하더라도 고객을 지속적으로 관리하고 고객유치활동 노력을 계속해야 한다. 이럴 경우 고객유치에 드는 비용 때문에 비경제적으로 운영될 수 있다. 그렇기 때문에 고객의 신상 DB를 컴퓨터나 고객관리프로그램을 활용하여 철저히 관리해야 한다.

고객을 대상으로 이벤트나 설문조사 등을 실시할 경우 가벼운 선물을 증정하게 되는데 이때 설문이나 이벤트에 참여한 고객을 대상으로 주소·성명 등을 받아두면 좋다. 그리고 창출된 고객의 정보에 따라 결혼기념일, 생일, 이벤트 행사, 신상품 소개 등을 문자서비스로 알려주기도 하는 등 고객에게 관심을 표명해야 한다.

고객의 관심을 유발해내지 못하면 매출도 줄어들게 된다. 신규

고객명단을 하루에 한 명 확보한다면 1년이면 300여 명의 신규고객명부를 확보하게 되고 10년이면 3,000여 명의 잠재고객을 확보하게 된다.

사업을 하지 않는 보통 사람이나 영업직이 아닌 일반 직장인들의 스마트폰에는 200~300명의 연락처가 저장되어 있다. 5년차 이상의 성공점포를 운영하는 사장님들에게는 2,000~3,000명 정도의 연락처가 저장되어 있다는 사실을 깨달아야 한다.

결론적으로 고객은 얄팍한 상술로는 통하지 않는다. 항상 고객 입장에서 냉철하게 업소를 바라보아야 한다. 고객이 조금 많다고 해서 최고의 점포로 착각한다거나, 여기가 아니면 갈 곳이 없을 것이라 경망스럽게 여기거나, 이 가격으로는 갈 데가 없을 것이라며 잘난 척하는 것은 위험천만한 생각이다. 항상 고객을 배려하고 가족처럼 생각한다면 좋은 영업실적이 나올 것이다.

04

구매심리와 판매절차의
기본 이해

좋은 아이템으로 창업을 시도한다 해도 그 상품을 고객에게 효과적으로 판매할 능력이 부족하면 많은 광고비나 홍보에도 그 점포는 실패하게 된다. 열심히만 하면 잘 팔리겠지 하는 기대심리에 부풀지만 탁월한 경영능력을 지닌 사람이 아니고는 판매경험이 부족한 초보창업자들의 매출은 저조할 수밖에 없다.

고객이 여러 점포 가운데 한 점포를 선택하여 상품을 사기까지 '점포의 존재를 인식하고, 상품을 만나고' 하는 과정을 거쳐 구매를 결정한다는 사실을 이해하는 것이 중요하다.

상품을 사는 고객의 뒤를 따라다녀 보면 고객은 여러 점포에서 많은 상품을 만나고 구매가 가능한 여러 매장을 돌아다니지만, 정작 구매하는 상품은 아주 적다는 사실을 알게 될 것이다.

점포에 대한 고객 기대치는 "원하는 상품이나 서비스가 다양하게 갖추어져 있어 많은 상품 중에서 고르고 싶다"는 것이 가장 크고, 그 기대에는 '저렴하면서 품질도 우수한 상품'이란 욕구도 포함되어 있다.

소비자들이 접근하기 쉬운 입지조건과 관심을 끌 만한 인테리어, 상품 구비도 중요하지만 매출과 직결되는 구매심리와 판매방법을 이해하지 못하고 창업한다면 곤란하다. 인터넷과 스마트폰이 대중화된 사회에서 소비자들이 대부분 상품정보를 비교적 상세하게 파악하고 있는 최근 구매패턴은 저렴한 상품이 아니라 합리적인 가격으로 옮겨가고 있다.

고객의 구매심리 과정을 살펴보면 일반적으로 소비자들은 일단 상품에 관심을 갖게 되면 상품을 소유했을 경우를 연상한다. 그리고 소유하고 싶은 욕구를 느끼면 다른 제품과 비교 · 검토하고, 그 상품에 신뢰감을 느낄 경우 구매행동이 이어지면서 자기 구매행동에 만족감을 느끼게 된다. 이러한 점을 이해하고 고객을 맞이한다면 좀더 많은 매출을 올리게 될 것이다.

● 기다리는 자세

고객에게 쉽게 접근할 수 있는 위치를 정해두고 가능하면 그 위치에서 벗어나지 않으면서 고객을 기다린다. 고객이 내점했을 경우 항상 똑바로 정면을 응시하며 손님의 움직임을 조용히 관찰한다. 점포에 고객이 없을지라도 상품을 정리하며, 부족한 부분을 점검한다거나 가격표를 확인하고, 진열상태를 수시로 정리하면서 고객을 기다리는 것이 중요하다.

● 부담 없는 접근법

고객이 어떤 상품에 관심이나 흥미를 느끼고 있다고 판단될 경우, 그 상품의 특성을 말하면서 조용한 목소리로 자연스럽게 접근한다. 주로 상품을 만질 경우나 걸음을 멈추고 상품을 만진 후 고개를 들었을 때, 또는 무엇을 찾고 있을 때나 눈길이 마주쳤을 경우가 이에 해당된다. 이럴 경우 상품을 판매한다는 자세보다는 고객이 상품을 사도록 도와준다는 자세로 접근해야 한다.

● 상품을 권하는 기술

고객이 사용했을 상태를 상상할 수 있도록 설명하며, 신속하게 가격표 · 사이즈 · 품질 등을 소개하고 상품을 만져보도록 권해 오감으로 상품을 실감할 수 있게 설명한다. 이때는 고객이 선택할 수 있도록 두세 가지 상품을 제시한다. 그러나 빨리 판매하기 위해 서두르는 것은 잘못된 상품제시법이다.

상품제시는 가격이 낮은 것에서 높은 가격대 상품 순으로 하는 것이 원칙이다. 대개 고객은 상품을 결정할 때 망설이기 마련이다. 이때는 고객의 표정을 충분히 관찰하고 난 후 따뜻한 미소로 고객이 구매할 것이며 만족할 것이라는 자신감을 갖고 조심스럽게 권유한다. 상품설명은 다른 상품보다 좋은 점을 명확하게 설명하며, 충분히 이해할 수 있도록 상품 자체를 권유하고 적절한 어휘를 사용해야 한다.

● 상품 결정 시의 보조

고객이 다른 상품과 비교·선택을 하고 상품을 신뢰하는 단계에서 판매원은 상품에 대해 장황에게 설명하기보다는 구매를 쉽게 결정할 수 있도록 6하원칙에 따라 분명하고 짧게 집약해서 이야기해야 한다.

이때 판매원은 고객이 어떤 사람인지, 어떤 물건을 원하는지, 왜 필요로 하는지, 어느 정도 가격으로 얼마만큼 필요로 하는지 파악해두어야 한다. 또 구매를 결정할 시점에서는 절대 당황하거나 서두르지 않고 침착한 태도와 표정, 대화로 고객을 상대한다.

● 정확한 판매시점

고객은 구매할 때 항상 갈등하기 마련이다. 이것은 여러 상품에서 한 가지 상품으로 선택의 폭을 좁히고 있다는 증거로, 같은 질문을 반복하거나 골똘히 생각하게 된다. 애프터서비스나 가격표에 신경을 쓰기도 하므로 판매원은 이쯤에서 결정을 서두르게 되는 경우가 많다. 그러나 이것은 오히려 역효과를 초래할 수 있으므로, 우선 고객의 옷을 칭찬한다거나 그들이 하는 일 등에 관해 물어보면서 신뢰감을 갖게 하는 것이 좋다.

● 깔끔한 구매 마무리

구입한 상품의 금액을 확인한 다음 가격표를 보여주면서 구매 금액을 확인하게 한다. 그리고 "손님, ○○○원, 받았습니다" 하고 소리 내어 확인한다. 계산 후 거스름돈과 영수증을 건네면서 "손님, 영수증과 거스름돈 ○○○원, 여기 있습니다" 하며 금액을 확인하면 고객의 모든 구매과정은 끝난다.

차후 DM이나 이벤트를 소개할 목적으로 고정고객 리스트를 작성하기 위해 고객의 협조를 구한다면 고객에게는 최고 점포라는 이미지로 자리매김할 것이다. 물론 상품의 종류나 금액에 따라 접객법이 다소 달라질 수 있겠지만 창업을 준비하는 데 이러한 기본 구매과정 정도는 이해하고 시도해야 한다.

우리는 누구나 손님이 오면 인사해야 한다는 사실을 잘 알고 있다. 웃음으로 표정관리까지 잘할 수 있다면 고객을 맞이하는(greeting) 데는 후한 점수를 줄 수 있다. 물론 이름을 기억해준다거나 기호를 재빨리 파악하여 몇 마디 인사치레까지 덧붙인다면 고객접객에 관한 한 만점일 것이다.

그러나 초보창업자의 경우 인사말 한마디도 쉽게 나오지 않는 경우가 창업현장에서는 허다하다. 대부분 구매심리의 이해, 접객화술 등을 통하여 고객의 만족도를 높이고 매출을 증대할 수 있는 기본지식을 충분하게 이해하고 있을 것이다.

그러나 이해하는 것만으로는 부족하다. 반복된 학습과 실전 경험을 통하여 습관이 되도록 노력하는 것이 바로 판매 노하우이며 성공으로 가는 지름길이다.

05

이익과 직결되는
구매관리와 원가절감

프랜차이즈 가맹창업의 경우 본사가 요구하는 시설에 반가공제품 또는 완제품을 발주만 하면 되기 때문에 걱정할 필요가 없다. 본사에서 발주에 따른 상품이 입고될 때 검수과정을 철저히 하면 모든 업무가 끝난다. 그러나 독자적으로 창업할 경우에는 문제가 달라진다.

창업 전에는 비품, 초도상품 등의 구매품목에 따라 투자비환수나 사업성이 떨어지게 된다. 창업 후 점포경영에서는 고객이 선호하는 좋은 상품을 구비해놓아야 물건이 잘 팔린다. 또한 얼마나 품질 좋은 상품을 저렴하게 구매하는지에 따라 이익의 폭이 달라지기 때문에 상품을 많이 파는 것도 중요하지만 이익을 많이 남기는 것이 더더욱 중요하다.

유통업에서는 초도상품에 시설품목, 진열대, 비품 등의 구매비 지출이 만만치 않다. 음식업 역시 주방기기와 기물에 메뉴에 따른 식재료 구입 등 초기 구매비 지출이 많다. 초기 시설구매 등과 관련해서는 창업자가 사전에 철저히 준비하겠지만 일회성으로 끝나는 경우이므로 상시적 구매활동에 대해서 좀더 알아보자.

백화점이나 대형마트에는 소비자가 원하는 상품에 대한 구매계획, 판매계획, 상품구매, 판매관리, 재고관리 등을 총괄하는 엠디(MD, Merchandiser)라 불리는 전문가들이 있다. MD는 생산자와 소비자를 이어주며 유통업의 최전선에서 활동하는 사람들이다. 특히 과일, 채소, 수산물 등은 시장 흐름과 날씨 등에 따라 가격변동 폭이 심하기 때문에 1차식품 MD들은 외부환경에 민감하게 반응한다. 식품관이 백화점이나 대형마트의 성패를 좌우하기 때문이다.

소규모사업자에게 구매 관련 업무는 대체로 사업자의 몫이다. 구매활동의 기본은 판매를 예측하고 구입품목, 수량, 납품기한, 구매예산 등을 고려하여 제품을 구매하는 것이다. 유통판매업의 경우 완제품이 대부분이기 때문에 제품별 구매계획과 거래처별 구매계획을 세워 발주하면 배송해주는 시스템이다. 조금 규모가 있다면 업종에 따라 과일, 채소의 경우 농산물도매시장 · 청과도매시장 · 수산물도매시장, 의류관련업은 남대문시장 · 동대문시장 등으로 새벽을 마다하고 발품을 팔아야 좋은 물건을 저렴하게 구매하게 된다.

음식업의 경우 생산기능에 해당하는 식자재구입과 비품, 인쇄물, 소모품 등 재료별 구매와 거래처별 구매 방법을 활용하게 된다. 공산품은 브랜드에 따른 품질 변화가 있고 거래처별로 가격차이만 약간 있을 뿐 대동소이하다. 이런 모든 구매활동은 고객에게 상품을 신선하고 저렴하게 판매하기 위해서 하는 것이다.

도매시장을 제외하고는 사업자용 식자재전문마트, 물류업체(대기업, 체인 유통회사), 산지구매를 통해서 구입하는 경우가 있다. 고기류, 소스류 등의 식품은 식품회사에 따라 판매망이 확보되어 있다. 제조회사가 식품 취급소매점, 외식점 등을 직접 순회하면서 상품을 공급하는 방식이다.

밀가루가 주재료인 식당에서는 주요 재료가 있는 지역 제분회사에서 조달한다. 이들도 위치에 따라 루트판매를 한다. 채소는 대부분 채소전문점에서 외식업체에 납품하며 인근 소매점에서 납품받아 사용한다. 원산지로 가서 구입하는 경우 구매담당자가 직접 생산지에 가서 조달하는 것으로 중간 소개업자가 개입하여 구매하기도 한다.

호텔이나 대형외식업체에서는 구매담당자가 생산자와 직접 상담해 구매하는 경우도 많으며, 유명산지와 직접 연결하여 구매하기도 한다. 대량소비를 하는 체인유통에서는 돼지고기나 소고기를 위탁 사육하여 구매를 일괄적으로 하는 회사도 있다.

구매처가 정해지면 다음과 같은 거래처관계대장을 만들어서 거래처를 관리하면 구매현황이나 거래처관리를 효율적으로 할 수 있다.

사업주가 앉아서 편리하게 중간도매업자에게 주문해서 구매하게 된다면 수월할지 몰라도 제품이 경쟁력을 갖추거나 차별화를 이루기 어렵고 이익은 줄어들게 된다. 구매활동 초기에는 상품의 품질, 가격 등 좋은 물건을 구매하는 안목이 부족할 수밖에 없다. 이럴 때 생각나는 속담은 "가격을 모르면 값을 후하게 쳐줘라!"라는 것이다. 이는 바가지와는 다른 개념이다.

도매업체들에는 일주일에 두세 번씩 찾아오는 소매업체가 좋은 단골이 될 수밖에 없다. 이런 단골을 바가지행위 한 번으로 놓치기는 싫을 것이다. 구매활동에 따른 원가절감 방법을 여섯 가지 소개한다.

첫째, 카드결제나 후불결제 등 지불조건을 현금결제방식으로 변경해 가격인하를 유도하는 방법이다.

둘째, 품질문제 등을 고려해 다른 거래처를 물색하여 원가를 절감하는 거래처변경 방식이다.

셋째, 유사한 업종 사업주들과 함께 공동구매를 해서 가격인하를 시도하는 방식이다.

넷째, 직거래로 비용을 절감하는 방식이다.

다섯째, 구매횟수를 줄이고 구매물량을 늘려서 가격할인을 받는 방식이다.

여섯째, 거래처를 한 곳으로 정해서 집중적으로 매입하는 방식으로 원가를 절감하는 방식이다.

이러한 방식들의 공통점은 사업주의 부단한 노력을 요구한다는 점이다. 쉽게 돈 버는 방법이란 존재하지 않는다는 것과 일맥상통한다고 생각하면 된다.

🔍 구매활동 및 거래처관계대장

상호/업종	○○○/양복점	규모/위치	1층 10평 / 답십리
구매담당자	3명(가족종사자)	월평균 구매액	18,000,000원
영업 특성	맞춤정장전문점으로 재단 및 제조공정은 별도 공장에서 운영함		

거래처 관계

구매품목	구매자	구매시점	구매처	구매장소	지급방식	구입가(월)	구성비
원단 A	대표	2주 단위	○○복지	동대문	월 현금 지급	600만 원	35%
원단 B			○○직물		현금지급		
원단 C			○○모직				
부자재 A	대표		○○상사				20%
부자재 B			○○상회				
공장공임	대표		상의				35%
공장공임			하의				
공장공임			셔츠				
기 타	판매원						10%

구매 및 구매처 관리

분류	항목	내용
구매 관리	구매비중도	매출대비 ○○%를 차지함
	구매품목	원단이 구매비의 ○○%를 차지함 (공임은 시중표준가격으로 형성됨)
	구매활동	원단은 동대문시장에서 주문물량에 맞추어 사입, 물량연동 제작
	구매조사 및 예측조사	계획생산이 되지 못해 구매예측 못함
	구매기능 적합성	적절한 가격과 함께 직접원가에 해당되는 공임의 안정적 운영이 요구됨
	구매방식	생존형 구매(당일구매)에 머물러 있음
	원가절감요인	

	거래처 수	복수거래제
거래처 관리	거래관계	거래형 관계형성(중장기 계약관계, 비즈니스 관계형성 필요)
	거래처 변경요인	

원가절감의 중요성은 다음의 인천지역 66㎡(20평) 규모 호프전문점 월차손익계산서(P/L)의 비교에서 잘 알 수 있다. 매출을 월 2,000만 원 올리는 입지조건에 비해 비교적 영업이 부진한 점포에서 월 175만 원의 수익을 내고 있다.

그런데 거래처 교환과 현금구매 방식으로 원가를 3% 절감했더니 영업이익이 월 60만 원 늘어난 235만 원이 되었다. 같은 수익을 내려면 매출 5%가 늘어난 월매출 2,100만 원을 올리는 효과와 같다는 것을 손익계산서가 말해주고 있다.

유통소매업의 경우 마진율이 30~35% 수준이므로 원가절감 3%가 매출 10% 증가의 효과와 같게 된다. 이처럼 원가절감이나 비용절감은 사업주의 수익으로 직결되는 만큼 구매관리활동이 매우 중요하다.

🔍 인천지역 ○ ○ 호프 손익계산서

과목	금액(천 원)					
	월간실적	비율(%)	원가 3% 절감	비율(%)	매출 5% 증가	비율(%)
I. 매출액	20,000,000	100.00	20,000,000	100.00	20,968,000	100.00
II. 매출원가	7,600,000	38.00	7,000,000	35.00	7,968,000	38.00
III. 매출이익	12,400,000	62.00	13,000,000	65.00	13,000,000	62.00
IV. 판매관리	10,650,000	53.25	10,650,000	53.25	10,650,000	50.79
1. 급료	3,800,000	19.00	3,800,000	19.00	3,800,000	18.12
2. 임차료	3,100,000	15.50	3,100,000	15.50	3,100,000	14.78
3. 통신비	100,000	0.50	100,000	0.50	100,000	0.48
4. 수도광 열비	1,000,000	5.00	1,000,000	5.00	1,000,000	4.76
5. 복리후 생비	500,000	2.50	500,000	2.50	500,000	2.38
6. 화재보 험료	100,000	0.50	100,000	0.50	100,000	0.48
7. 감가상 각비	1,750,000	8.75	1,750,000	8.75	1,750,000	8.35
8. 기타 경비	300,000	1.50	300,000	1.50	300,000	1.43
V. 영업이익	1,750,000	8.75	2,350,000	11.75	2,350,000	11.21

06

대박음식점 맛내는 비결은…
맵고 자극적인 맛!

　요즘 방송에서 요리 관련 프로그램이 자주 등장하는 것을 볼 수 있다. 그만큼 시청자들의 관심도가 높다는 것을 말한다. 대를 이어 하거나 수십 년 동안 영업해온 음식점인 맛집 명소는 지역마다 있다. 이런 유명 맛집은 프랜차이즈 유명 브랜드보다 매출이 높게 나타나는 경우가 많다.

　평생직장 개념이 사라지고 베이비부머들의 창업시장 진출이 본격화되고 있는 자영업시장은 한마디로 과잉공급으로 치열한 생존경쟁의 게임을 벌이고 있다. 과잉공급은 사업부진으로 가계부채 증가와 생계불안을 초래하고 폐업을 양산한다. 그럼에도 재취업에 실패해 어쩔 수 없이 창업시장에 뛰어드는 퇴직자들은 공급과잉의 늪에서 발버둥치다가 퇴출당하고 그 자리를 또 다른 베이비부머가 채우는 악순환이 이어지고 있다.

대박식당에서 구현하는 요리비법을 일정 기간 전수받으면 과연 맛의 비결을 그대로 복제할 수 있을까? 그렇지 않다고 생각한다. 수십 년 동안 반복한 요리과정에서 체득한 불의 강도와 시간, 조미료의 미세한 분량, 숙성시간, 식재료 선정 등이 단기간에 전수되기는 어렵기 때문에 요리법을 흉내낼 수는 있어도 완전 복제에는 무리가 따른다.

맛이란 무엇일까? 좁은 의미로는 혀로 느끼는 감각이다. 화학물질의 자극이 맛으로 느껴지기 때문에 화학적 미각이라고도 한다. 짠맛, 신맛, 단맛, 쓴맛, 감칠맛의 다섯 가지 기본 맛이 있다. 이들 맛이 조합돼 음식물 각각의 독특한 맛을 낸다. 넓은 의미로는 미각을 말하는데 차갑다, 딱딱하다, 부드럽다, 개운하다, 시원하다 등의 감각표현이나 얼얼한 매운맛 등 피부에 자극을 주는 물리적 미각과 빛깔이나 형태 등으로부터 느껴지는 강한 맛, 깊은 맛 등의 심리적 미각이 포함된다.

음식점을 이용하는 고객들은 대부분 연상을 하거나 추억을 떠올리는 경우가 많다. 재방문을 유도하고 맛으로 고객들에게 특별한 기억이나 인상을 남기려면 강하거나 매운맛을 내는 음식이 유리하다.

대박가게의 음식은 매운맛이 나서 자극적인 경우가 많은 게 사실이다. 경험이 부족한 초보창업자는 물리적 미각이나 심리적 미각을 활용해 맛을 극대화하는 것이 필요하다.

7~8월처럼 더운 날에는 '이열치열'로 여름을 이기는 경우가 많

다. 점심시간 땀을 뻘뻘 흘리면서 식당문을 나오는 직장인들 모습은 보는 이들로 하여금 식욕이 절로 돋게 만든다. 맛을 느끼는 소비자들도 문화적·지역적으로 편차가 있을 뿐 아니라 개인의 성장과정이나 신체조건에 따라 달라지기도 하기 때문에 모든 고객에게 기술적으로 오묘한 맛을 제공하기란 한계가 있다. 이를 극복하려면 모든 식재료마다 고유의 맛이 있으므로 신선한 재료를 사용하는 것에서 출발해야 한다는 점을 잊지 말아야 한다.

07

가족처럼 대하니 '단골'…
주택가에서 대박난 음식점

창업을 희망하는 사람들이 좋은 상권을 선호하는 것은 그만큼 매출을 많이 올릴 기회가 있어서다. 하지만 좋은 상권일수록 그만큼 보증금과 권리금, 임차료 부담이 커서 이를 감안하면 그림의 떡이 될 수밖에 없다. 유동인구가 많은 황금상권에 들어가서도 치열한 경쟁에 걸맞은 매출과 수익을 올리지 못하고 망하는 경우도 비일비재하다.

자금이 부족해 빚을 내서 무리하게 창업하면, 생계를 위한 창업이 원리금 상환, 가계부채 증가로 오히려 생계에 부담을 가중할 수도 있다.

주택가 상권이나 유동인구가 거의 없는 곳이라면 상대적으로 창업비용이 적게 들어간다. 이런 곳에서 높은 수익을 낼 수 있다면 더 바랄 게 없다. 유동인구가 적은 한적한 곳에서 영업하려면 고객 친화적인 영업을 전개해야 한다. 외부 유동고객의 유입이 적어 단골 위주 영업을 해야 하기 때문이다.

서울 광진구 군자삼거리에서 43㎡(13평) 규모의 '오래오래포차'를 운영하고 있는 이인숙(52) 사장은 창업한 지 4년째다. 테이블 7개를 두고 오후 4시부터 새벽 2시까지 운영하면서 월매출 1,500만 원을 올리고 있다. 창업할 때 보증금 2,500만 원에 권리금 2,500만 원, 월 임차료 93만 원에 계약하고 시설투자로 2,500만 원을 더 들여 총 창업비용은 7,500만 원이 들었다.

한 달 매출에서 재료비 600만 원, 임차료 93만 원, 인건비 150만 원, 전기·가스·수도세 30만 원 등을 제하고 나면 500만 원 이상 수익이 나온다. 그래서 이 동네에서 장사가 가장 잘되는 업소로 소문나 있다. 이곳을 이용하는 손님들은 대부분 단골이다. 호칭도 언니, 오빠, 친구, 동생 등으로 부르는 경우가 많다. 고객과 소통이 아주 잘된다.

주요 메뉴는 해물파전, 치킨, 닭볶음탕, 찌개 등 안주류지만 손님들은 술과 함께 식사를 해결하는 경우가 많다. 가벼운 잔치국수나 공기밥만 추가하면 갓 담근 배추김치나 열무김치와 더불어 가벼운 밑반찬까지 나온다.

조기축구회 등이 소모임을 예약하면 영업시간 전이라도 문을 열고, 손님이 원하는 경우 메뉴에는 없지만 백숙, 삼겹살 등 맞춤형 식단과 상차림을 내놓기도 한다. 매출액 자체는 많은 편이 아니지만 동네 주택가 상권에 입지했다는 것을 감안할 때 나쁘지 않은 수준이다.

이 사장의 가게가 있는 상권은 군자역과 세종대후문 이면도로 삼거리여서 배후가구는 주로 다세대와 연립주택이다. 전형적인 주택가 상권인 셈이다. 소비수준이 낮은 편이지만 동네주민들을 상대로 영업하는 곳이기 때문에 소문에 민감하다. 수익성을 높이려고 주력하는 것보다 손님 눈높이에 맞는 서비스와 가족같이 대하는 창업자의 마음가짐 덕분에 꾸준하게 안정적인 매출과 수익을 올릴 수 있었다.

차별화는 거창한 것이 아니다. 사소하지만 남다른 한두 가지를 만들어 고객들에게 어필하면 된다. 전국적으로 유명한 명소를 고집하기보다 상권 내 고객들의 지지를 받아 동네에서 1등 점포로 자리매김하겠다는 마음가짐이 중요하다.

08

매출 걱정에 테이블 '빽빽'…
줄일수록 손님 더 온다

주변에 조그마한 식당이나 선술집, 치킨집 등을 이용해보면 흔히 볼 수 있는 광경이 좁은 매장 안에 테이블이 빼곡히 들어차 있는 것이다. 좁은 매장에 가급적 많은 손님을 유치하겠다는 발상에서 비롯된 일이다.

이런 업소를 이용해본 고객이라면 4인 테이블에 4명이 앉으면 비좁다는 생각을 하게 된다. 기본적으로 핸드백, 가방, 상의 등을 벗어놓을 수 있는 별도 공간이 필요하기 때문이다. 이런 문제를 해결하기 위해 일부 업소에서는 천장형 에어컨으로 교체하거나 출입구에 사물함을 비치하는 등 아이디어를 내기도 한다.

비좁은 매장에 많은 테이블을 배치하면 다른 테이블의 손님들과 마찰이 일어나고, 손님들끼리 부딪치는 일도 심심찮게 발생한다. 가게로 들어오는 고객은 빈 테이블이 있다 해도 불편한 느낌이 들면 이내 발길을 돌리게 된다. 이런저런 이유로 고객이 평소 이용하지 않는 테이블이 생기는데 이를 '사(死)테이블'이라 한다. 사테이블을 없애고 공간을 효과적으로 활용해 고객들에게 호감을 주게 되면, 만석의 효과와 함께 매출상승으로 직결된다.

개그맨 이승환 씨가 운영하는 '벌집삼겹살'은 다른 업소보다 비교적 넓은 공간전략을 구사해 눈길을 끌었다. 테이블을 6.6㎡당 1개 배치했다. 여기서 한 걸음 더 나아가 최근 선보인 브랜드 '도개걸육'에선 고객들의 불편을 해소하기 위해 9.9㎡당 1개 테이블을 배치, 쾌적하고 안락한 매장을 꾸몄다.

단순 계산으로는 테이블 수가 3분의 1로 줄었기 때문에 매출이 떨어져야 하는데 동일한 면적의 매장 기준으로 오히려 매출이 30% 늘었다고 한다. 편안하게 음식을 즐기기 때문에 체류시간이 길어지고 테이블당 매출이 늘어난 덕분이다.

테이블을 줄이면 어떤 효과가 있을까? 우선 의자·탁자 비용, 로스터 등의 테이블 설치비용, 수저·그릇 등의 구매비용이 절감된다. 또 종업원들의 서비스 동선이 확보돼 서비스를 신속하게 제공할 수 있다. 고객들에게 충분한 공간을 제공해 편안하고 안락한 느낌을 주어 손님들의 재방문 비율도 높아진다.

식당이나 주점 등의 공간은 주방과 접객이 이뤄지는 테이블 공간을 제외하고도 탈의장, 수납공간, 카운터 등의 다양한 공간이 필요하다. 초보 창업자들은 고객을 많이 유치할 생각만 하고 보이지 않는 공간배치를 간과해 영업을 위태롭게 만들기도 한다. 깨끗한 분위기를 연출하려면 아깝지만 일부 테이블을 버려야 한다. 어쩌다 단체손님을 받아 만석이 되는 것을 생각해 그대로 방치한다면 고객들의 진실한 호응이나 충성도를 기대할 수 없다는 점을 명심해야 한다.

⑮ 고깃집

갈비, 삼겹살, 목살 등 소고기와 돼지고기, 부산물 등의 부위를 구워먹는 형태로 소비자들에게 제공하는 업종이다. 연탄, 숯불, 가스 등 다양한 구이방식이 적용된다. 2014년 10월 기준 전국에서 2만 5,818개 업소가 운영되고 있다. 프랜차이즈 대표브랜드는 새마을식당, 서래갈매기, 마포갈매기, 종로상회 등이 있다. 직장인이 많은 오피스 밀집가, 역세권, 먹자블록, 아파트 밀집지역 등이 적합상권이다. 점포구입비를 제외한 창업 투자비용은 66㎡(20평) 기준 가맹비 500만 원을 포함하여 총 5,800만 원선이다.
〈업종문의: 마포갈매기 02-3667-3666/ 벌집삼겹살 02-2608-1114〉

09

편리한 매뉴얼의
운용과 작성

소자본 창업에서 독자적인 점포와 프랜차이즈 가맹점의 점포운영에서 경쟁력 차이라면 바로 매뉴얼과 POS의 활용 부분일 것이다. 소자본 창업자들이 운영에서 가장 애로를 느끼는 부분이 고용인력에 대한 업무지시나 교육, 인재채용 부분과 더불어 현저하게 떨어지는 마케팅능력이다.

고객서비스와 인력에 관한 창업자의 경영마인드나 영업방침이 체계적으로 매뉴얼화되어 있다면 이러한 애로사항은 상당부분 해소될 뿐 아니라 향후 프랜차이즈 본부로 도약하는 데 상당한 밑거름이 될 것이다.

매뉴얼은 어떠한 업종이나 가릴 것 없이 마찬가지겠지만 가장 이해가 빠른 외식업 프랜차이즈를 보면, 동일한 이름에 같은 모습으로 꾸미며 메뉴 가격도 같고, 수준이 같은 서비스를 제공하며 다수 점포를 동시에 운영하는 것이다. 하지만 이것을 현실적으로 실행하기는 대단히 어려운 일이다. 점포건설, 인테리어, 주방기기 등 이른바 하드 부문, 다수 점포가 시행하는 공통사항은 특별히 어려운 점이 없다.

문제는 조리를 하는 노동, 청결유지, 접객 서비스 등 사람이 움직이는 분야다. 인간의 성격이나 행동은 각양각색이다. 같은 사람이라도 때에 따라서 컨디션이 다르다. 또 조리노동이나 접객서비스 기술이 경험이나 적성에 따라서 전혀 다르다.

다수 점포를 같은 수준으로 운영하려면 종업원이 많이 필요하고 점포 운영의 최고책임자인 점장도 점포의 일원으로서 할 일을 다해야 한다. 같은 부류 종업원을 채용하는 것은 가능하겠지만 실천하는 것은 다르게 마련이다. 그렇게 채용했다고 해도 사람이 생각하는 방향이나 능력과 행동은 다르다. 그래서 점포를 운영하는데 공통기준(약속기준 사항)을 설정하여 그 기준에 따라 각 점포가 운영되어야 한다.

그 기준에는 두 가지 분야가 있다.

첫째는 그 조직이 소비자에게 약속한 요리의 맛, 품질, 서비스의 기준을 실현하기 위하여 작성하는 것이고, 둘째는 점포운영을 어떠한 종업원들이 이끌어나갈지에 대한 노동편성 기준이다.

먼저 소비자에 대한 기준을 설명하기 위해 조리 부분을 알아보자. 조리는 식재, 주방, 조리노동이라는 3요소가 포함된 과정이다. 체인점에서 제공할 요리의 품질은 이미 결정되어 있다. 그리고 주방과 식재는 각 점포가 공통이다. 그런데 조리노동을 공통으로 해주면 같은 요리가 나오게 되므로 이런 약속을 만들어두면 된다.

식재의 양, 조리하는 순서가 필요한 것은 물론이지만 그것만으로는 가정요리책밖에 되지 않는다. 체인은 전혀 다르다. 이 경우 구체적으로는 공정작업순서, 온도, 시간관리, 수치에 대한 통일된 규격이 표시되어야 한다. 이러한 내용을 알기 쉽고 보기 쉽게 정리한 것이 매뉴얼이다. 매뉴얼은 책으로 된 교본도 있지만 VTR도 있다.

이것을 매뉴얼 A라고 한다면 그다음은 실행계획, 목표달성 프로그램을 작성하는 것이 필요하다. 예를 들면 식재나 요리의 온도는 어느 공정에서 어느 정도로 측정하느냐? 청결상태를 확보하기 위해서는 어떻게 해야 하며 하루 몇 회를 해야 하느냐 하는 것이다.

잘되어 있는 프랜차이즈 체인의 경우 화장실에서 청소한 시간을 체크한 시트를 볼 수 있다. 이것은 청소시간과 내용을 화장실 내에 작업순서와 함께 비치하는 매뉴얼에 따른 체크시트다. 청소하는 순서와 함께 청소가 끝났다는 것을 시트에 기록해두는 표시다. 이 행동지침서를 매뉴얼 B라고 한다.

매뉴얼 A(예를 들면 눈으로 보고 언제나 먼지가 없는 상태라야 한다: 달성해야 하는 기준)는 매뉴얼 B(실천하는 청소방법, 횟수)를 실천하고 반드시 달성해야 하는 사항이다. 매뉴얼 B를 실천하는 것에 상관없이 매뉴얼 A가 달성되지 않는다면 B는 불완전한 것이고 A도 부적절하다.

매뉴얼 A, B는 통상 총칭하여 '조리매뉴얼', '청소매뉴얼', '접객매뉴얼'이라고 한다. 매뉴얼 B의 작성에서 중요한 것은 표시한 행동지시를 종업원이 무리 없이 실행할 수 있어야 한다는 것이다.

그다음은 노동편성의 기준을 알아보자. 점포를 운영하기 위해서는 업무를 잘 알고 일정하게 수행할 능력이 있는 사람을 배치해야 하므로 점포운영의 노동력 편성이 필요하다. 단순능력으로 숫자를 맞추는 것이 아니어서 업무습득에도 단계가 있다. 능력이 없는 사람을 높은 단계 업무에 맞추어서는 곤란하며, 필요 인원수와 업무능력에 따라 단계별로 산정하여 배치해야 한다.

체인점의 실제 운영에서는 파트타임, 아르바이트에 많이 의존한다. 정확히 말해 노동력비용을 고정비로 하지 않고 변동비로 하려면 파트타임, 아르바이트를 운용하는 노동력 편성방법을 고안하는 작업이 필요하다. 업무내용을 세분화하여 낮은 단계 업무를 많이 하고 높은 단계 업무를 적게 하여 조직화하되 업무의 단계적 습득방법을 효과적으로 만들 필요가 있다.

체인시스템은 업무 분야별로 각자 숙련도를 체계적으로 작성하고 각 단계에 필요한 사람만큼 배치한다. 점포에서 실제 배치하는 것은 업무교체 스케줄이지만 단순 교체를 하는 것이 아니다. 그리고 어떤 일정한 업무를 확실하고 빠르게 달성하는 훈련 프로그램을 만들어야 한다. 좀더 효과적으로 다음 습득단계로 진행하는 프로그램도 준비해야 한다.

이러한 것에 다양한 수법이 동원되고 직장 내 교육훈련(OJT)에 따른 단순반복도 있겠지만 게임하듯이 동기부여, 기대심리이론, 집단주의 등 온갖 경영관리이론을 응용하는 장이기도 하다.

이상과 같이 인력편성의 기준과 파트타임, 아르바이트 등 종사원 훈련프로그램을 구체화한 것도 매뉴얼이다. 비교적 규모가 큰 체인에서는 독립된 교육훈련시설이 있는 곳도 있으며 전문교육을 의뢰하기도 한다. 이러한 내용을 인식하지 않고 프랜차이즈 체인사업을 하는 외식사업자가 있는 것도 현실이다.

매뉴얼 본래의 의미인 점포운영을 과학화하는 도구라는 정확한 뜻을 잘 이해해야 한다. 더 좋은 교육매뉴얼을 제작하기 위해서 여러 사람의 중지를 모을 수 있는 방법도 찾아보면 좋다. 교육매뉴얼의 분류기준이나 명칭은 업무중심인가, 고객중심인가, 또는 이론중심인가 등의 기준을 정해 쉬운 것부터 쉽게 접근해 체계를 완성하면 효과적이다.

소규모사업장을 운영한다면 매뉴얼을 제작하기에는 한계가 따르게 된다. 사업주의 경영마인드에 따라 직무를 직원에게 수행시켜야 하는데 그것을 시작하기가 쉽지 않다. 계산대에서 물건을 판매하는 일이 대부분인 개인편의점에서 아르바이트를 위한 매뉴얼을 준비하려면 우선 어떤 직무를 할당해 달성토록 할지 정하기 위해 시간대별로 업무프로세스를 정해야 한다.

🔍 24시 편의점 시간대별 업무 프로세스

시간	업무내용
22:00	인계인수
22:00~	폐기상품 점검
22:30	냉장제품 입고상품 검수
24:00~	중간정산
02:00	매장점검 및 판매
02:00	담배재고 조사
02:00~03:00	발주업무
03:00~04:00	워커인 정리
04:00~06:00	물건보충 및 디스플레이
07:30~	쓰레기 배출(재활용은 매주 월, 목)
08:00	청소완료
08:00	담배입고
09:00~	인수인계 준비
10:00	인계인수
11:30	냉장냉동제품 입고 및 검수
16:00	공산품 입고 및 검수
17:00~18:00	물건 보충 및 디스플레이
21:00~	인계인수 준비
22:00	매장점검 및 판매

위와 같이 시간대별, 요일별 업무가 정리정돈되면 사업주는 아르바이트생에게 시간대별로 해야 할 일들을 한 번 교육으로 해결하게 된다. 이러한 구체적 매뉴얼이 작성되지 않는다면 경험이 없는 아르바이트생은 숙지할 때까지 계속 주입해야 하는 번거로움이 있을 수 있다.

주요 업무가 계산대에서 판매하는 업무이니 만큼 POS 사용과 관련한 매뉴얼 B에 해당되는 사용법을 만들어보자.

POS기기 다루는 법에서 다양한 케이스의 결제방식, 판매상품, 택배, 교통카드 충전 등의 서비스판매, 상품발주, 상품입고, 재고조사, 유통기한이 지난 상품의 폐기상품처리, 인계인수 방법 등 구체적인 업무진행 순서를 작성하여 아르바이트생에게 매뉴얼을 전달하고 시범실시교육을 한다면 빠른 시간 내에 업무가 숙련될 것이다.

POS 사용법 감열지교체방법: 용지가 붉은색 영수증으로 나오면 교체함(카운터 밑에 용지 보관됨) 용지가 약간 외부에 노출되도록 넣고 제대로 작동되는지 시험출력	
현금결제	결제(현금+할인)
1. 상품스캔 2. 돈 받고 액수입력 3. 객층키 누르기	1. 상품스캔 2. 화면 할인적립 코드 누르기 3. 할인, 적립카드 긁기 4. 현금 받고 액수입력 5. 객층키 누르기
결제(카드+적립)	세금수납
1. 상품스캔 2. 화면 할인적립 코드 누르기 3. 할인, 적립카드 긁기 4. 신용카드 긁기 5. 객층키 누르기 ※ 할인카드 스캔이 안 될 경우 * 카드번호 10자리+생일 4자리+숫자 00 입력	1. 서비스 누르기 2. 공공수납(쇼핑몰) 누르기 3. 기계에 불이 들어오면 ⇒ POS 4. 사각표를 기계에 대기 5. 요금받고 확인 6. 영수증 줌
꿈나무카드 결제	상품취소
1. 상품바코드 2. 화면에서 결제선택 누르기 3. 기타 누르기 4. 급식카드 누르기 5. 서울시 누르기 6. 결제창이 뜨면 입력버튼 누르기 7. 객층키 화면으로 전환되면 객층키 누름	1. 이전버튼 누른 후 2. 지정취소 3. 번호누르기(취소하고자 하는) 4. 반복입력 5. 다시 계산함
결제 시 취소할 때	카드결제(5만 원 이상)
1. 상품스캔 2. 지정취소 누르고 취소하고자 하는 번호 누른 후 (반복/입력) 버튼 누름	1. 상품스캔 2. 카드긁기 3. 화면의 번복/ 입력누르기 4. 사인받고 화면의 (예) 누르기 5. 객층키 누르기

택배	교통카드 충전
– 전원 꽂고 스위치 온(3분 정도 소요) 1. 서비스 2. 택배 누르고 3. 무인택배 접수 누르고 4. 흰종이 영수증 바코드 3개 순서대로 입력 5. 분홍종이는 떼서 택배상품에 붙이고 6. 흰종이는 스캔 후 손님께 드리기 7. 택배요금받고 계산하기	1. 서비스 2. 교통카드충전기에 올려놓고 3. 금액입력(충전) 4. 주황색 반복/ 입력키 누르기 ⇒ 확인 5. 충전 후 교통카드 내주고 계산하기
교통카드 잔액조회	**현금영수증 발급**
1. 통합조회 누르기 2. 교통카드잔액 누르기 3. 잔액 누르기	1. 상품스캔 2. 현금받고 금액 입력 후 3. 현금영수증 하시겠습니까?에서 4. 손님에게 입력하라고 한 후(고객직접 입력) 5. 계산
문화상품권 판매	**입금액 확인**
1. 화면에서 신문, 상품권 누르기 2. 금액 선택해서 누르기 3. 객층키 누르면 결제 끝	1. 컴퓨터 화면에서 2번 누르고 엔터 2. 다음 화면에서 1번 누르고 엔터 3. 맨 위에 날짜 확인하고 송금액수 4. 해당 금액을 은행에 송금
인수인계	**폐기상품 등록**
1. 인수인계 버튼 누르기 2. 고유번호(01, 02) 3. 금액 입력 4. 문화상품권 개수 입력 5. 등록	1. X모드 전환 2. 폐기항목 클릭 3. 스캔 4. 객층키

편의점이 아닌 음식업에서 손님의 안내와 주문, 요리의 제공과 계산 후 손님이 나갈 때까지 해야 할 업무와 접객용어 등을 정리한 매뉴얼은 어떻게 작성되는지 살펴보자.

🔍⊕ 접객 프로세스 직무

외식업 접객절차

1. 대기(Waiting)
▷ 소정의 장소에 대기한다.
▷ 동료와 잡담은 하지 않는다.
▷ 현관 쪽을 보면서 편한 자세로 있되 의자, 계산대 등에 기대지 않는다.
▷ 고객이 언제 오더라도 환영의사를 표시할 수 있는 자세로 대기한다.

2. 환영(greeting)
▷ "어서 오십시오!"라고 밝고 생기 있게 인사한다.
▷ "몇 분이십니까?" 하고 인원을 확인한다.
▷ "자, 이쪽으로" 하고 환영의 뜻을 담는다.
▷ 또는 정중히 손바닥으로 위치를 안내한다.
▷ 가볍게 머리를 숙이고(15도) 인사한다.
▷ 손은 앞이나 뒤로 꼬지 않는다.
▷ 단정하게 앞으로 손가락도 가지런히.
▷ 손님의 앞에 서서 천천히 좌석으로 안내한다.
▷ 의자를 가볍게 당겨 손으로 가리킨다.
▷ 바른 자세로 환영의 뜻을 표하는 인사를 한다.
▷ 어린이를 동반하는 손님에게는 조용한 방 또는 테이블로 안내한다.
▷ 혼자인 경우에는 2인용 테이블 좌석으로 안내한다.

3. 주문(order)
▷ 다시 한 번 "어서 오십시오"라고 인사한다.
▷ 물수건과 냉수 또는 차를 제공한다.
  (손님이 메뉴를 보면서 정할 때까지 대기)
▷ "주문을 받겠습니다"라고 정중하게 말하기
▷ 손님의 눈을 보면서 대답을 기다린다.
▷ "주문은 ○이 ☆개, △이 ▢개이군요"라고 복창한다.
▷ 전표에 손님의 주문을 기입한다.
▷ "예, 알겠습니다." "잠시 기다려주십시오" 하고 가볍게 인사한다.
▷ 주문을 주방에 전한다.
▷ 메뉴는 테이블에 반드시 세트해둔다.
▷ 고객 중 누구에게 메뉴 결정권이 있는지 파악한다.
▷ 음료, 특히 커피, 주스 등은 식사 전 · 중 · 후를 확인한다.
▷ 비프스테이크 등은 굽기 정도를 묻는다.
▷ 차 등 뜨거운 물은 받침을 한다.
▷ 빠르고 신속하게!

4. 제공(present)
▷ 테이블에 다가갈 때 "실례합니다.""오래 기다리셨습니다"라고 인사한다.
▷ 생기 있게 "예.""잠시만 기다려주십시오" 한다.
▷ 각 요리에 따른 세팅을 한다.
▷ 손님의 컵, 찻잔 등에 물을 따른다(손님이 도중에 부른 경우).
▷ 주문한 사람의 요리가 바뀌지 않게 주의한다.
▷ 따뜻한 요리는 따뜻할 때, 찬요리는 찰 때 제공한다.
▷ 요리를 내기 전에 담기를 체크한다.
▷ 요리를 고객에게 바른 자세로 제공한다.
▷ 요리는 원칙적으로 손님의 왼쪽 뒤에서 낸다.
▷ 물, 차 등을 다시 채워준다.
▷ 식사가 끝났어도 손님의 허락을 받은 후 치운다.
▷ "치워도 되겠습니까?" 하고 물어본 뒤 빈 식기를 치운다.

5. 배웅(see customer off)
▷ "감사합니다." 마음을 담아서! "또 오십시오." 이렇게 말한다면 당신은 이미 프로다.
▷ 현관 가까이까지 나가서 감사하는 마음을 담아 인사한다(고객이 현관을 완전히 나설 때까지는 배웅하는 자세로 서서 기다린다).
▷ 손님이 잊어버린 물건은 없는지 반드시 체크한다.
▷ "이 점포에 또 와야지" 하는 마음이 생기도록 정성껏 배웅한다.
▷ 마음과 미소가 중요하다.

6. 치우기와 재배치(reset-up)
위와 같은 형태로 반복하는 것이 정형 서비스다. 이 정형에 플러스하여 "좋은 날씨죠?" "오늘은 비가 많이 오는군요" 등을 한마디 곁들이면 손님으로부터 칭찬을 많이 듣게 된다. 식기를 치울 때 음식을 남기지 않았는지, 그 이유는 무엇인지 충분히 체크한다.
▷ 식기를 주방으로 옮긴다. 무리한 동작은 삼간다.
▷ 재배치한다.
솜씨 좋고 신속한 행동이야말로 그 점포의 분위기를 살려준다.
청결함이 제일, 철저하게 위생상태를 점검한다.

🔍 음식업 서비스 절차별 권장 용어

구 분	접객 용어	상 황
인사	☐ 어서 오십시오(어서 오세요) ☐ 몇 분이십니까? ☐ 알겠습니다.	☐ 상냥하게 ☐ 정중하게
안내	☐ 이 자리가 괜찮습니다. ☐ 이쪽으로 오시죠.	☐ 직접 몸으로 안내 ☐ 정중하게
주문받기	☐ 실례합니다. ☐ 주문하시겠습니까? ☐ 말씀하십시오. ☐ 메뉴(판)가 여기 있습니다. ☐ 더 필요하신 것이 있습니까?	☐ 정확하고 ☐ 공손하게 ☐ 분명하게 ☐ 메뉴(판)를 가리키면서 ☐ 추가주문 유무를 묻는다.
지체될 때	☐ 잠시만 기다려주십시오. ☐ 죄송합니다. ☐ 주문이 밀려서 그렇습니다.	☐ 공손한 마음과 자세로 ☐ 적절하게 사과하고 ☐ 설명한다.
상품제공	☐ 맛있게 드십시오(드세요).	☐ 상냥하게 바르게
치우기	☐ 이것은 치워도 되겠습니까?	☐ 부담을 주지 않으면서
계산 시	☐ 감사합니다. 맛있게 드셨습니까? ☐ 000원 받았습니다. 감사합니다.	☐ 가능하면 눈빛을 바라보며
인사	☐ 감사합니다. 안녕히 가십시오. ☐ 또 오십시오.	☐ 정중하게

10

POS시스템의 기능과
마케팅 활용

POS시스템을 도입하지 않는다면 본부 직원들이 가맹점 모든 점포에 전날 매상 등을 전화로 물어보아야 할 것이다. 이러한 것이 인터넷과 POS의 도입으로 전화요금, 인쇄물대금, 인건비 등의 절약효과와 함께 업무의 신속성을 가져올 수 있게 된다.

메뉴별, 시간대별로 매상집계가 간단히 나타나므로 마케팅분석에 활용하여 데이터 처리가 신속히 가능하게 되며, 원자재 조달에서 현금의 흐름운용까지 활용이 가능하게 되었다. POS시스템을 도입하게 되면 각 가맹점에서 접수할 때 판매정보와 점포운영정보를 통하여 여러 가지로 활용할 수 있다.

활용범위는 추가적인 점포개설, 고객관리, 상품개발, 영업부진 점포 클리닉, 입지조사, 종업원의 채용과 훈련, 식자재의 구매처

알선과 판촉활동, 경리 등 경영 전반에 활용이 가능하다.

본부는 가맹점에 가맹비와 로열티를 받는 대가로 업계동향, 시장동향, 경쟁점포 분석 정보를 제공하고 자체 전체 체인의 매상동향, 현재 점포의 위치 등 정기적으로 정보를 제공해야 하는 의무와 함께 경영자문을 해야 한다. 이러한 본부의 기능지원에 대하여 가맹점은 본부에 대가를 지불하는 계약이 바로 프랜차이즈 체인시스템이다.

POS시스템에는 인터넷기능도 있다. 인터넷을 통하여 본부와 점포 간에 정보를 주고받는 것이다. 이것은 점주가 하고 있는 정보 내용에 따라서 직접 점포와 본부가 교환하면 된다. 그리고 점주는 본래 기능, 즉 점포에 정보기능을 지원하고 현장정보를 파악해 시스템을 향상하기 위하여 본사에 정보를 제공하는 기능을 해야 한다.

체인외식사업에서 정보전략은 점포정보의 신속 전달과 본부에서 파악한 정확한 판단이다. 본부는 각종 외부정보를 정리한 다음 프랜차이즈 시스템 향상을 실현해야 한다. 이렇게 정보활용이 가능할 때 다변화시장에 능동적으로 대처하고 경쟁력을 갖춘 조직으로 거듭날 수 있다.

11

소자본 창업자가 매출을 올리는 10가지 노하우

　가게를 운영하는 데 매출실적은 수익을 가져오는 일등공신이자 기본 잣대가 된다. 매출을 좌지우지하는 데는 창업자의 탁월한 경영능력도 필요하지만 입지조건도 매우 중요하다. 그러나 기존사업자에게 입지조건은 이미 결정되어 있으므로 선택할 여지가 없다. 주어진 조건에서 최선을 다해야 한다. 결국 가게를 유지하는 데 창업자가 기대한 만큼 매출과 수익을 올려야 한다는 사실이 전제되어야 한다.

　선택된 상권의 특성을 파악하고 목표고객에게 점포 이미지가 잘 전달되고 있는지 분석해 매출을 증대하는 방법을 찾아야 한다. 가게 목이 좋은 유리한 입지가 선정되었고, 유동인구가 많은 곳이라면 박리다매 전술이 필요하다. 즉, 이익이 적게 남더라도 많이 팔아서 매출을 올리는 전략이다.

여건상 가게 목이 좋지 않은 곳이라면 후리소매 전술이 필요하다. 많은 고객을 유치하려 해도 고객이 많지 않기 때문에 상품 가치를 극대화해 많이 남겨야 한다. 입지특성에 걸맞은 다양한 방법을 구사해야 한다. 매출을 올릴 수 있는 기본원칙 10가지를 소개하면 다음과 같다.

● 상권의 범위를 넓혀서 홍보하라

일반적으로 점포를 방문하는 고객은 지리적 여건에 따라 다소다를 수는 있지만 반경 300~500m 이내인 1차상권에 속하는 이들이다. 그런데 상권 범위 내에서 이용하는 고객들의 수가 절대적으로 부족하기 때문에 기존의 광고지역보다는 좀더 영역을 넓혀 광고나 홍보를 강화할 필요성이 있다. 결론적으로 기존의 점포상권이 협소하다는 뜻이므로 상권의 범위를 넓혀서 영업하게 된다면 매출이 올라갈 것이다.

● 매장이 좁다면 공간을 정리해 점포 면적을 확대하라

기존의 점포를 넓히려면 쓸모없는 점포 공간을 활용하여 점포를 확장하는 방법을 사용함으로써 고객이 점포 앞에서 쉽게 들어올 수 있도록 분위기를 조성함은 물론 상품을 많이 진열할 수 있다. 잘 팔리는 상품은 관련 상품을 강화해 진열하는 양을 늘리고

그 상품과 관련된 부가상품을 많이 취급하여 매출품목을 늘려야
한다.

● 가게에 들어온 손님이 오랫동안 머무를 수 있게 하라

가게에 들어선 손님을 되도록 오랫동안 머물게 해 다른 상품을 구
매하도록 유도해야 한다. 고객이 어떻게 하면 장시간 머물지 고려
해 휴식장소를 만든다거나 진열대와 진열방법을 바꾸기도 한다.

관련 상품끼리 진열하는 것도 한 방법이다. 예를 들면 신발 옆에
양말, 와이셔츠 옆에 넥타이핀 등을 진열하는 방법으로 주 상품과
연계된 보조상품을 진열한다면 고객을 몇 분이라도 더 머무르게
할 수 있다.

● 고객 1인당 소비 객단가를 올려 매출을 증대하라

고객이 방문하는 수도 한정되어 있고 고객 방문횟수도 미미하
다면 다양한 세트상품이나 전략상품을 개발해 고객 1인당 소비금
액을 높여서 매출을 증대해볼 수 있다. 객단가란 고객 1인이 소비
하는 평균가격대를 말한다. 고객이 한 사람 방문하더라도 매출을
많이 올리는 전략이 바로 객단가를 올리는 방법이다.

● 고객의 방문빈도를 높여라

한 달에 두 번 정도 가게를 방문하는 고객이 있다면 세 번 오도록 만들면 매출은 30% 증가한다. 고객의 재방문을 유도하기 위해서 다양한 이벤트나 마일리지적립, 고객우대 등을 마련하고 문자알림서비스나 특정기간 할인행사 등을 통하여 고객이 내점할 동기를 부여하는 방법이다. 여성고객 우대정책도 비교적 효과가 높은 편이다. 창가에서 젊은 미인들이 식사하거나 담소를 나눈다면 지나가던 남성 고객들의 환심을 살 만하다.

● 고정고객을 늘려 안정성을 추구하라

유동고객을 확보하기보다는 고정고객 확보에 최선을 다해야 한다. 고정고객을 확보하기 위해서 고객의 불평을 적극적으로 들어야 한다. 물건을 구매했을 경우 애프터서비스 등으로 점포 이미지를 전달해야 하며 고객을 대상으로 소모임을 만든다든가, 고객명부를 작성해 항상 고객과 관계를 유지하는 것이 좋다. 고객유지 서비스에 투입되는 비용은 낭비가 아니라 새로운 이윤을 낳기 위한 투자가 된다.

● 언론홍보를 적극 활용하라

자신이 경영하는 매장이 신문이나 방송, 잡지 등에 소개되는 일은 홍보 효과 측면에서 매우 매력 있는 일이다. 지면에 보도되고 난 후 고객들의 방문이 늘어나고, 단골고객이나 지인들로부터 인사를 받는 일 이외에도 인터넷을 통해 방송작가들에게 알려져 방송출연이 연계되고, 다른 신문이나 잡지 등에서도 취재요청이 잇따라 파급효과는 눈덩이 불어나듯 전파된다. 비용을 지불하고 본인 의도대로 광고하는 것에 비교할 바가 아니다.

● 유니폼을 입고 서비스하라

주요 단골고객의 기호를 파악하여 방문기회를 유도하고 직원을 교육해 고객접객기술을 향상하는 것이 중요하다. 그러나 종업원을 한두 명 고용하고 있는 소점포에서 접객기술교육을 실행하기는 쉽지 않다. 이럴 경우 유니폼서비스로 고객의 변화욕구를 충족하고 분위기를 바꾸어 구매심리를 자극하는 방법도 고려해볼 수 있다.

유니폼과 명찰을 착용하면 착용당사자들은 책임감이 생겨 행동이 달라지게 마련이다. 고객으로서는 직원 서비스가 품격이 높아진다고 생각하는 경향이 강하다.

● 권유판매로 매출을 올려라

권유판매로 매출을 향상하는 전략을 구사한다. 권유판매를 할 경우 직원이 자기 편의를 위해 질문하지 말고 고객 편의를 위해 질문하며, 절대로 서두르지 않고 따뜻한 미소로 최대한 관심을 갖도록 하는 등 정기적으로 반복교육을 실시해 매출증대를 시도한다. 권유판매를 할 때 메뉴 묘사를 하는 범주는 재료 설명, 상품 특징과 장점 설명, 가치 설명, 가격 제시 등을 고객에게 충분히 설명해야 한다.

● 신장개업을 추구하라

배후세대나 유동고객에게 관심을 끌지 못한 경우 새로운 기분으로 개업수준에 이르는 대대적인 신장개업을 해서라도 고객의 관심을 끌어야 한다. 가게의 상호변경, 시설리모델링이나 동선변화는 가급적이면 가게문을 닫고라도 재배치, 리뉴얼, 메뉴 개편 등의 작업을 동시에 해야 한다.

완료되면 별도로 일정을 정해서 개업이벤트를 벌여 가게 분위기나 서비스가 바뀌었음을 고객들에게 충분히 알려야 한다. 장사하면서 약간씩 바꾸어보는 것은 고객 입장에서 보면 달라진 것도 없고 변화되었다는 느낌도 주지 못하며 홍보효과도 거의 없다.

앞서 열거한 매출증대법의 기본원칙은 고객우선이란 점을 명심해야 한다. 고객 입장에서 생각하고, 고객 입장에서 분위기를 창출하고, 고객이 필요로 하는 상품을 파는 것이다. 상품을 팔기보다 점포의 가치를 팔려 노력하고 고객의 마음을 사로잡는 영업전략이 매출증대의 핵심이다.

12

인력창출은
창업주의 몫

직원이 주인의식을 갖고 고객을 접객한다면 그 점포는 매출이 오르고 성공점포로 자리매김할 수 있다. 판매업이나 외식업의 경우 접객하는 직원이 젊고 상냥하면 고객이 부담감을 가지지 않고 쉽게 대할 수 있다.

소점포를 운영하다 보면 서비스를 요구하고 덤을 요구하는 얌체고객이 있을 수 있다. 그러나 모든 일이 주인보다 고객이 우선되어야 한다는 것이 진정한 주인의식이 될 수도 있다. 초보창업자의 경우 직원교육의 중요성은 인식하나 효과적으로 대처하지 못하는 경우가 많다.

물론 프랜차이즈 시스템이 확립된 본사에 가맹하는 경우 본사의 인재선발이나 교육매뉴얼이 있어 여러 경로로 모집하고, 일정

교육을 실시해 점포에 배치하는 방법을 사용하기도 하지만 독립 점포로 창업하는 경우 창업규모에 관계없이 어디에 가서 누구에게 문의해 어느 수준의 사람을 구해야 하는지 난감할 수밖에 없다. 창업자가 창업 후 사업을 전개하면서 가장 어려워하는 부분이 바로 직원 관리문제다.

어떤 경로로 사람을 뽑고 어떤 사람이 사업을 운영하는 데 가장 적합한지 등의 문제로 고민하는 경영주가 많다. 사업의 효율을 높이기 위해 경영주가 직원을 아무리 교육해도 창업주 자신이 생각하는 만큼 주인의식을 갖고 근무하는 사람을 찾기 어려우며, 때로는 수시로 그만두기 때문에 몸살을 앓는 경영주도 많은 것이 현실이다.

직원이 1~2명 필요한 소규모점포일 경우 급여를 높게 책정해도 근무환경이 열악해 젊은 세대가 근무를 기피하는 현상을 보이기 때문에 창업주로서는 고민이 생길 수밖에 없다. 이러한 문제들에 효과적으로 대응하기 위해 채용에서 퇴직까지 살펴본다.

● 소규모사업 경영주의 업무

소규모점포일지라도 중소기업이나 대기업처럼 기본적인 기능은 모두 갖추고 있다. 비록 사업주 혼자일지라도 해야 할 업무나 기능은 인력고용, 영업장규칙, 복리문제, 4대보험관리, 종업원 교육 등의 인사활동과 현금출납, 지불과 청구, 결산, 세무신고, 물품 출입 확인 등의 경리활동에 거래처 연구, 상품지식, 재료구입, 검수작업 등의 구매활동, 떡, 양복 등의 제품생산, 메뉴개발, 신상품 개발, 조리작업, 작업장 정리정돈 등의 제조생산활동 그리고 접객 판매, 재고품 조절, 실내의 배치와 진열, 매상계획과 실시 등의 판매활동으로 다섯 가지 영역을 골고루 다 갖추고 있다.

따라서 사업주는 종사하는 인원에 따라 어떤 역할과 직무를 전담하게 할지 직무설계에서 시작하는 것이 좋다. 조직구성과 직무 전담이 정해지면 사업주는 직원을 선발할 때 선발기준과 직무내용, 교육방법, 근로기준법 등을 고려한 최소한의 인사 가이드라인을 설정해야 한다.

🔍 직무설계서 예시

점포	○○○양복점		
직무	재단사	패션디자이너	사무·판매원
직위	대표	실장	판매원
과업	체촌작업 가봉작업 원단구매 재단작업	컴퓨터(전산)작업 고객관리 매장청결관리 고객상담 홍보	최종검수 예약업무 발주업무 납품

🔍 직무기술서 예시

항목	내용
직무명칭	남성정장 패션디자이너(수습사원)
직무인원	○명
직무특성	매장청결관리, 고객접객보조, 거래처 관리업무 보조
성별/연령	남녀 구분 없음/ 25~35세
학력/전공	전문대졸 이상/ 의상학과 출신 우대

자격/면허	관계없음
경력정도	관계없음/ 경력자 우대
임금수준	초보자 최저임금(시간당 5,210원)/ 월 150만 원
근무형태	1일 11시간 근무
근무시간	오전 9:30~오후 8:30/ 매주 일요일 휴무/ 월 25일 기준
복리후생	6개월 이상 근무하고 본인이 희망하는 경우 월급제로 전환
결격사항	거주지가 명확해야 하고 근무시간을 엄수해야 함

● 인재확보 루트

최근에는 대부분 인터넷 구인구직사이트를 통하여 모집한다. 사업주가 인터넷을 잘 사용하지 못하거나 일부 기피업종, 연령대에 따라서 인터넷 구인구직사이트에서도 연락이 오지 않는 경우도 많다. 그럴 경우 다른 채널을 통해 사람을 채용해야 하는데 어떤 경로를 이용할 수 있는지 몇 가지 방법을 살펴본다.

일반적인 인원선발루트

- 인터넷의 구인구직 정보제공을 활용하는 방법
- 벼룩시장이나 지역신문 등에 구인광고를 내는 방법
- 연고자를 통해 필요한 인원을 확보하는 방법
- 자기점포와 유사한 업종의 점포에서 스카우트하는 방법
- 컨설팅 전문기관에 의뢰하는 방법
- 직업소개소에 추천 · 의뢰하는 방법
- 납품거래처에서 소개받는 방법
- 관련 업종의 전문잡지에 광고하는 방법
- 스스로 일정기간 유사점포에 취업하여 판매기술을 습득하는 방법
- 가족 중에서 동원가능한 인원을 확보하는 방법

● 선발 시 참고해야 할 항목

직원을 고용할 때는 창업하려는 관련 업종에서 장기간 경력을 쌓아온 사람이 무난하다. 비교적 성실한 사람이라면 한 업소에서 2년 정도는 근속했을 것이다. 또한 건강한 사람이 건전한 웃음과 생동감이 넘치기 마련이다. 열악한 환경에서 근무하다 보면 체력이 약한 사람은 힘든 노동에 얼굴이 찡그려지게 된다. 이런 경우 고객은 두 번 다시 찾아오지 않는다.

■ 관련 업종의 근무경력 상황

채용을 결정하지 않은 이상 업무역량을 파악하기 어려워 개인이 갖고 있는 관련업 자격증 등에 의존할 수밖에 없다. 면접에서 해당 업종의 전문지식에 관해 다양하게 질문해보고 가능하다면 일을 해보게 하는 것도 바람직하다.

부가적으로 최소 희망급여를 확인하는 것도 중요하다. 희망급여에 현저히 미달된다면 잠시 근무하다가 그만둘 확률이 높기 때문이다. 또한 인원선발 시 창업자는 생각나는 대로 면접하고, 즉흥적으로 채용하기보다는 면접내용을 정해서 시행하고, 무엇을 물어볼지 사전에 면접문항을 준비하는 것이 좋다.

■ 건강상태와 나이

창업주에게도 건강이 중요하겠지만 일선에서 고객을 직접 접객하는 직원에게는 더욱 중요하다. 열악한 환경에서 근무하다 보면 체력이 약한 사람은 밝은 표정을 지을 수 없다. 이때 피해를 가장

276

많이 입는 사람은 바로 고객이다.

정신적ㆍ육체적으로 건강한 사람만이 건전한 웃음과 생동감이 넘친다. 직원의 나이는 목표고객을 접객하기 알맞은 것이 좋다. 고객이 신세대나 젊은 층으로 구성되어 있는데 나이 많은 종업원이 접객한다면 고객이 부담스러워할 수 있으며, 고객의 마음을 읽지 못하는 서비스가 될 공산이 크다.

■ 원만한 인간관계와 근무의욕

아무리 업무를 잘 수행할 수 있다 해도 성품이 좋지 않다든가 사생활이 복잡하다면 전력을 다해 근무하기가 어렵다. 앞서 열거한 모든 조건을 능가할 수 있는 것이 바로 근무의욕이다. 목표의식이 뚜렷하거나 적극적인 사고방식을 지닌 종업원을 찾아야 한다.

소규모점포일지라도 종업원을 채용할 때는 소속감을 주기 위해 반드시 이력서와 간단한 자기소개서, 주민등록등본 등을 제출받고, 면접으로 선발하게 되면 근로계약서를 작성하고 점포의 인원 선발규칙 등을 만들어둘 필요가 있다.

● 직원관리

소점포경영이라는 관점에서 보면 직원의 선발ㆍ관리ㆍ유지의 모든 책임은 경영주에게 있으며, 직원 자질문제도 사회 전반적 현상으로 돌릴 수 있겠지만 결국 경영책임으로 귀결된다. 갑을관계의 고용주라는 고정관념을 버리고 가족구성원으로서 자기 사업을 도와주는 사람으로 생각해 인격적으로 대한다면 직원들도 주인의식을 갖고 열심히 일해 성공점포를 만드는 데 일익을 담당하는 인재로 성장할 것이다.

사업이 잘되고 안 되고는 경영자의 의지력에 있기도 하지만 주인의식을 갖고 근무하는 직원들의 노력이 상당히 많은 부분을 차지한다.

직원교육을 직원의 잘못을 야단치거나 호통치는 것으로 생각하는 사업주도 더러 있다. 야단칠 때도 자존심을 건드리지 않는 금기사항은 있다. 마음에 들고 일 잘하는 직원을 고용하는 것도 중요하지만, 채용 후 직원이 오래 일할 수 있도록 유지·관리하는 일이 더 중요하다.

매출을 증대하기 위해서 고객유치, 신상품개발, 마케팅활동 등 많은 노력을 기울여야 하는 사업주가 새로 고용한 직원에게 접객방법이나 판매방법을 가르쳐 일할 만하면 그만두게 되는 일이 자주 생긴다면 사업주는 또다시 직원을 채용하고 교육해야 하다 보니 비용증가와 함께 시간을 낭비하게 된다. 그러한 사업장에서는 직원들의 숙련도도 떨어져 고객의 호평을 얻어내기 어렵다.

우리 점포를 좋은 일자리로 만들어나가는 데 직원들에 대한 금전적 보상도 중요하지만 정이 넘치는 인간적인 일자리로 꾸며가는 것이 더 중요하다. 보이지 않는 인력 손실을 방지하기 위해서 직원의 처우나 열악한 환경을 정신적으로 달래주는 동시에 인간적으로 대우하고 미래에 대한 꿈, 이상, 희망 등의 비전을 제시해야 한다. 눈앞의 이익보다는 함께 성장하는 점포의 미래상을 심어

주어야 한다.

이러한 비전을 제시하지 못하면 직원은 다른 점포로 떠나거나 능력이 저하되어 점포 분위기가 잘못될 수 있다. 직원들도 경영주에게 비전을 제시해야 하는 것은 마찬가지다. 직원이 최선을 다하지 않으면 경영주는 직원에게 투자하지 않는다.

경영주가 직원을 잘 다루면 돈은 저절로 따르게 된다. 직원감동은 고객감동으로 이어지고 고객감동은 고정고객으로 이어지면서 자연스레 성공점포가 되기 때문이다. 결론적으로 직원을 내 사람으로 만들고 직원이 경영주를 대변하여 고객을 맞이하는 데 최선을 다할 때 성공점포가 될 수 있다.

직원을 야단칠 때 금기사항

① 여러 사람 앞에서 야단치지 말 것
② 출근하자마자 야단치지 말 것
③ 자주 야단치지 말고 시기를 잘 선택할 것
④ 인격을 모독하지 말고 일 자체를 가지고 야단칠 것
⑤ 변명할 기회를 줄 것
⑥ 과거의 잘못과 연결하지 말 것
⑦ 필요 이상으로 언성을 높이지 말 것
⑧ 막다른 길까지 밀어붙이지 말 것

구리시에 개점 후 6개월 만에 월매출이 1억 원을 넘긴 A화장품 가게가 있다. 단기간에 대박매장으로 자리 잡은 윤ㅇㅇ(44) 점주의 성공비결은 "효율적인 인센티브 시스템을 통해 직원들에게 동기를 부여한 점"이다. 그는 월별을 기준으로 삼아 직원 능력별로 판매목표와 회원등록 고객목표를 부여하되 목표치를 3단계로 구분

해 차등을 둔다. 최대 목표치를 달성하면 봉급의 50%를 인센티브로 준다.

또 메이크업 능력이 우수한 직원에게는 메이크업 고객서비스 목표, 진열 능력이 우수한 직원에게는 프로모션 판매대 세팅 목표를 주는 식으로 직원들의 특기와 장점을 살려 인센티브를 지급한다. 인센티브제도를 도입하고 난 후 직원들이 손님을 응대하는 태도나 서비스가 한결 좋아지고, 점포를 개선하고 매출을 늘릴 수 있는 노력이 자발적으로 이뤄지면서 매출과 고정고객 수가 크게 늘어났다.

그는 "매장의 성패는 결국 직원들에게 달려 있다. 선의의 경쟁을 유도하되 직원들이 스트레스를 받지 않고 성취감을 느낄 수 있는 분위기를 조성하는 게 중요하다"라고 강조했다.

매장운영 초기에 손님이 매장에 들어왔을 때 점원들이 서로 응대를 미루는 모습을 보고 이를 개선하기 위해 점원별로 인센티브를 주는 방안을 생각해냈지만 직원들의 반발이 거셌다.

특히 판매시점관리(POS)시스템에서 점원별로 매출을 관리하는 데 대한 거부감이 강했고 그만두겠다는 직원도 있었지만 충분한 대화를 통해 설득하고 합리적인 인센티브 방안을 직원들과 함께 만들어서 운영한 결과였다. 결국 직원들과 한마음이 되었을 때 매출신장 효과를 극대화할 수 있다는 깨달음을 준 사례다.

⑯ 화장품전문점

직장여성의 증가, 아름다움에 대한 관심증가로 여성화장품전문점이 지속적으로 성장하고 있다. 화장품전문점은 2009년 2만 7,181개에서 2013년 3만 3,611개로 23.7% 증가한 업종이다. 미샤, 더페이스샵 등의 종합화장품과 특정브랜드의 대리점, 기능성화장품 등의 창업유형이 있으며, 종합화장품의 경우 1,500여 종을 취급하고 있다. 창업비용은 점포 구입비를 제외하고 49.5㎡(15평) 기준 가맹비 1,000만 원선을 포함하여 인테리어, 집기, 초도상품 등 1억 원 이상 투자된다. 입지조건은 지하철역세권, 대형빌딩, 번화가 상업지구 등의 유동인구가 많은 지역이다.

직원관리를 위한 10계명

1. 노동시간을 명확히 하고 부득이하게 초과근무를 시킬 때는 연장근무수당을 지급하라.
2. 근무환경을 개선하라.
3. 점포의 근무 매뉴얼을 문서로 만들어라.
4. 그만두겠다는 종업원은 말리지 마라.
5. 종업원에게도 경영참여 자격을 부여하라.
6. 종업원 상호 간 동료의식을 강화하라.
7. 가불형태의 지급이나 체불은 삼가고 급여지급절차를 명확히 하라.
8. 점포 내에서는 반드시 유니폼을 입고 근무하게 하라.
9. 상벌사항을 만들고 직장에 소속감을 심어주라.
10. 아주 간단한 내용일지라도 근로계약서를 작성하라.

● 효과적인 직원교육방법

직원교육을 효과적으로 실시하고 인간관계를 원만히 유지하려면 소점포일수록 직원들이 자연스럽게 교육받은 후 고객을 접대할 수 있도록 틈틈이 교육해야 한다. 이러한 교육은 지속적이고 반복적으로 실행하여 습관화해야 효과적이다. 체계적·계획적인 교육으로 업무에 흥미를 유발함과 동시에 의욕과 능률을 높이는 것을 교육내용으로 구성해야 한다.

교육목표는 직원의 능력개발과 고객 창출능력이다. 특히 고객을 자기점포의 세일즈맨화하는 전략이 필요하다. 이러한 전략을 구사할 때는 눈에 보이지 않는 방법으로 자연스럽게 수행해야 한다.

스마트폰시대를 맞으면서 누구나 할 것 없이 원하는 정보를 접하게 되었고 무지한 사람 없이 누구나 똑똑하고 자기주장을 표현하는 시대로 변했다. 고객, 점주, 직원 할 것 없이 각자 개성이 뚜렷하고 유능하다고 스스로 인식하기 때문에 얄팍한 상술로 대처하지 말고 인간적으로 상호 소통을 유지하는 것이 바람직하다.

교육방법에서도 소규모사업장은 직원이 한두 명인 경우가 많기 때문에 강의중심이나 면담중심의 일방적 교육은 직원들에게 지루함을 줄 뿐이다. 소규모점포에서는 영업을 개시하기 직전 간단한 티타임이나 식사시간을 활용해 당일의 영업준비상태를 점검함과 동시에 전날의 영업실적, 고객의 불평처리 등의 메시지를 짧게 전달하면 효과적이다.

이러한 기회를 활용하여 직원들의 가정사나 아이디어를 듣는 쌍방향 소통의 장으로 만들어야 한다.

교육 횟수도 가끔 실시하거나 하루에도 몇 번씩 수시로 실시하는 것보다 매일 영업 전 한 번씩 정기적으로 실시해야 효과적이다. 특수한 경우 회식자리를 마련하거나 긴급한 대책을 수립하기 위해 개최하는 것은 예외로 한다. 사업자는 효과적으로 교육하기 위해 당일의 소재를 만들어내고, 직원·고객 상호 인간관계를 원만히 하게끔 심리학 서적 한두 권 정도는 독파해야 한다.

교육의 결정체로 사업주나 직원 모두가 '고객을 최선을 다해서 모시겠다'는 접객정신과 내가 손님에게 상품을 판매하는 것이 아니라 손님이 사주는 것이라는 생각으로 사고가 전환되어야 한다.

현장경험으로 느낀 직원 지도지침

- 철저한 원가절감을 몸소 실천하지 않으면 직원은 적당주의자가 된다.
- 자기 업소의 상품에 정통하라. 그리고 직원에게 그렇게 되게끔 요구하라.
- 경영주가 책임회피 기색만 보여도 직원은 책임회피를 몸에 익힌다.
- 상황판단을 냉철히 하고 결단력이 있어야 한다.
- 경영주가 의욕적이지 않으면 직원은 물론 점포 전체가 활기찰 수 없다.
- 직원을 믿어라. 그리고 직원의 의견을 먼저 물어보고, 아이디어를 존중해주라.
- 사소한 일에도 언행이 일치되지 않으면 직원은 속임수를 쓰려고 한다.
- 부정적인 언어를 쓰지 말고 칭찬에 인색하지 마라. 신상필벌은 필수항목이다.
- 직원의 능력을 100% 이끌어내려면 동기부여부터 하라.
- 직원과의 약속을 중요하게 여기고 공사구분을 철저히 하라.

13

소상공인 컨설팅지원
사업 안내

● **사업소개**

　소상공인의 경영능력 등을 강화하기 위해 전문인력을 활용한 컨
설팅 지원 · 매출증대 · 고객관리 방안 등의 신영업전략, 입지 · 상
권분석 등을 통한 안정적 영업기반 확보, 성공적인 업종전환 지원

● **지원내용**

• (컨설팅 내용) 마케팅 및 서비스 방법 개선, 고객관리, 매출증대
　방안, 메뉴 및 아이템 개선 등 경영전반에 대해 전문가가 컨설
　팅 시행
-경영상태 정밀진단 · 건강진단 후 명장 · 기능장 등 업종별 전

문가를 통한 경영기법 · 기술전수 등도 연계

- (컨설팅 방법) 전문가가 '찾아가는 맞춤형 컨설팅' 시행
- (컨설팅 일수) 1일 4시간 이상, 2~5일 지원
- (국비지원) 희망컨설팅 100%, 맞춤형컨설팅 90% 지원
- (지원횟수) 동일 소상공인에 연간 2회까지 지원

유형별 지원내용

구분	자부담비	지원조건	컨설팅 지원내용
희망 컨설팅	무료	· 1일 4시간 이상, 5일 이내 · 사업기간: 20일 이내 완료 · 컨설팅 비용: 20만 원/일	· 마케팅, 교육, 고객관리 등 영업정상화(업종전환) 및 매출증대를 위한 종합해결 지원
맞춤형 컨설팅	1일 2만 원 (10만 원 이내)	· 1일 4시간 이상, 5일 이내 · 사업기간: 20일 이내 완료 · 컨설팅 비용: 20만 원/일	· 업종별 전문가 및 명장 · 기능장 등을 통한 기술 · 경영 노하우 전수 및 컨설팅

- 만족도조사 및 사후관리는 소상공인지원센터 담당자가 담당

● 지원대상

* 소상공인 희망컨설팅

① 간이과세자

② 일반과세자 또는 면세사업자 중 업력 1년 이상이면서 매출액
   4,800만 원 이하인 소상공인

③ 국민행복기금신청자

증빙서류: 간이사업자등록증(간이과세자), 부가가치세 과세표준

증명원(일반과세자), 면세사업 수입금액증명원(면세사업자), 국민행복기금 신청결과 확인서

  * 소상공인 맞춤형 컨설팅: 상시근로자 5인 미만의 소상공인(업종전환자 · 예비창업자 포함)

  * 광업 · 제조업 · 건설업 및 운수업의 경우 근로자 10인 미만

  * 지원제외: 소상공인정책자금 지원제외 업종, 사치향락적 소비 · 투기 조장 업종

  희망컨설팅(무료)을 신청했으나 맞춤형컨설팅(유료) 대상자로 판명될 경우 자부담금 부담

● **지원절차**

● **신청방법**

  * 소상공인컨설팅시스템에서 '소상공인컨설팅 신청서' 작성

● 자주하는 질의응답

* Q 1. 소상공인컨설팅 신청은 어떻게 하나요?

① 소상공인컨설팅 시스템 로그인(또는 회원가입 후 로그인) http://
   sbiz.or.kr/cot/main.do

② 상단 메뉴의 [나의 컨설팅] ⇒ [신청하기] 클릭 ⇒ 신청서 화
   면 이동

③ 신청서의 필수(*) 내용 입력 ⇒ 개인정보 제공 동의서에 '동의
   함' 체크 ⇒ 신청서 하단의 [임시저장] 클릭 ⇒ [신청완료] 클릭

④ 컨설팅 신청완료 문자 확인

● 자세한 사항은 여기로 문의

• 소상공인컨설팅 클릭!

• 홈페이지: 소상공인컨설팅

• 문의처: 소상공인지원센터(국번없이 1588-5302) 유형별 지원 내용

14

소규모 개인사업장도
노동법 적용대상

    소자본 창업을 한 후 사업을 운영하기 위해서는 1~2명이라도 직원이 필요한데, 이런 소규모사업장에 노동법이 적용된다는 것을 사업주도, 근로자도 잘 모르는 경우가 많다.

    자영업자가 운영하는 슈퍼나 편의점, 커피숍, 분식점 같은 소규모점포에도 근로기준법은 당연하게 적용된다. 소규모사업장의 고용관계에서 흔히 발생하는 분쟁을 살펴보면, 주로 임금, 주휴수당, 휴게수당, 퇴직금과 같은 사항이다. 이를 규정해놓은 법은 근로기준법과 근로퇴직급여보장법이다.

    근로기준법은 5인 이상의 사업장에는 당연하게 적용되고, 4인 이하 소규모사업장에도 근로기준법의 일부 중요 사항은 적용된다. 4인 이하 사업장에 적용되는 중요 사항은, 매월 정기적으로 임금은 최저임금 이상으로 지급해야 하기 때문에 2015년도 기준 법정최저시급이 5,580원인 점을 감안하면 1일 8시간, 1주 40시간을 근로하는 직원에게 월 117만 원 이상의 기본급을 지급하여야 한다.

또한 근로시간이 4시간 이상인 경우 30분, 8시간 이상인 경우 1시간의 휴게시간을 부여해야 한다. 1주 소정 근로일을 만근한 경우 1일을 유급휴일로 부여하도록 한 규정 역시 4인 이하 사업장에도 적용된다. 이러한 중요 근로조건을 기재한 근로계약서를 작성해서 근로자에게 교부해야 한다.

직원이 한 명이라도 고용된 소규모사업장은 근로자에게 퇴직금을 지급해야 할 의무가 있다. 정식직원뿐만 아니라 임시직, 계약직, 아르바이트까지 해당된다. 아르바이트의 경우, 계속근로기간이 1년 이상으로, 4주간을 평균해 1주간 근로시간이 15시간(월 60시간) 이상이면 퇴직금지급 대상이 된다.

2013년 1월 1일부터 근로자퇴직급여보장법상의 퇴직금을 1년 이상 근무한 후 퇴직하는 모든 근로자(정식직원, 임시직, 아르바이트 등)에게 주도록 법이 개정되었음을 사업주는 알아두어야 한다.

실무에서 가장 많이 발생하는 분쟁은 휴게시간과 유급 주휴수당 추가 청구에 관한 사항이다. 실제 소규모사업장은 휴게시간을 제대로 부여하지 못하는 경우도 있고, 4대보험에 가입하지 않고 일당 형태로 급여를 지불하는 경우도 흔히 있다. 이로써 매주 발생하는 1일분의 유급주휴수당을 추가로 지급하지 않아서 퇴직 후 휴게시간에 대한 임금과 유급주휴수당의 추가지급을 요구하는 사건이 빈번하게 발생한다.

퇴직금지급 위반벌칙은 근로기준법 제109조에 따라 사업주는 3년 이하의 징역 또는 2,000만 원 이하의 벌금에 처해질 수 있는데, 이는 반의사불벌죄로 해당 근로자가 원하지 않으면 처벌할 수 없다.

소규모사업장에서 4대보험 신고가 안 되어 있어도 노동법은 적용된다. 따라서 근로자가 고용노동부에 신고하면 중재과정을 거쳐 지불하게 되므로, 사업주는 예상치 못한 인건비를 지출할 수 있다. 따라서 소규모사업체일지라도 점포사정에 맞는 인사관리 방안을 마련해두어야 한다. 기본적인 법을 준수하는 인사관리는 사업주로서 의무다.

아르바이트 퇴직금 계산방식

퇴직금은 2013년 1월 1일부터 근로자퇴직급여보장법에 의거 사용자와 근로자 간에 근로하기로 한 1주간의 소정근로시간이 15시간 이상이고 1년 이상 계속근로한 후 퇴직하는 경우에는 1년에 대하여 30일분 이상의 평균임금을 퇴직금으로 퇴직일부터 14일 이내에 지급하도록 되어 있다.
※ 법정퇴직금: 1일 평균임금 ×30(일) ×(총 재직일수/365)

사례계산) 최저임금인 시급 5,580원으로 일 9시간, 주 4일(월, 화, 수, 목) 근무하여 18개월 동안 계속 근무한 아르바이트의 경우 퇴직금 계산은?

최종 3개월간의 급여지출
2015년 1월, 5,580원 ×9시간 ×17일=월급 853,740원
2015년 2월, 5,580원 ×9시간 ×16일=월급 803,520원
2015년 3월, 5,580원 ×9시간 ×18일=월급 903,960원

3개월 급여 합계액은 2,561,220원이며
평균임금은 3개월 총급여를 90일로 나눈 값이므로 28,458원이 된다.

퇴직금 산출식은 30일(월)×27,012원(평균임금)×(18개월/12개월)=퇴직금
따라서 위의 경우 퇴직금은 30일×28,458원×1.5=1,280,610원이 된다.

근로퇴직급여보장법
제8조(퇴직금제도의 설정 등) ① 퇴직금제도를 설정하려는 사용자는 계속근로기간 1년에 대하여 30일분 이상의 평균임금을 퇴직금으로 퇴직 근로자에게 지급할 수 있는 제도를 설정하여야 한다.
제9조(퇴직금의 지급) 사용자는 근로자가 퇴직한 경우에는 그 지급사유가 발생한 날부터 14일 이내에 퇴직금을 지급하여야 한다. 다만, 특별한 사정이 있는 경우에는 당사자 간의 합의에 따라 지급기일을 연장할 수 있다.

근로기준법
제15조(이 법을 위반한 근로계약) ① 이 법에서 정하는 기준에 미치지 못하는 근로조건을 정한 근로계약은 그 부분에 한하여 무효로 한다.
② 제1항에 따라 무효로 된 부분은 이 법에서 정한 기준에 따른다.
제54조(휴게) ① 사용자는 근로시간이 4시간인 경우에는 30분 이상, 8시간인 경우에는 1시간 이상의 휴게시간을 근로시간 도중에 주어야 한다.
② 휴게시간은 근로자가 자유롭게 이용할 수 있다.
제55조(휴일) 사용자는 근로자에게 1주일에 평균 1회 이상의 유급휴일을 주어야 한다.
문의 : 고용노동부(근로개선정책과 – 근로시간, 휴게, 휴일), 044-202-7546
고용노동부(근로개선정책과 – 임금, 해고, 취업규칙, 기타), 044-202-7544

🔍 근로계약서

<table>
<tr><td rowspan="2">(갑)사용자</td><td>사업체명</td><td></td><td>대 표 자</td><td></td></tr>
<tr><td>주 소</td><td colspan="3"></td></tr>
<tr><td rowspan="2">(을)근로자</td><td>성 명</td><td></td><td>주민등록번호</td><td>–</td></tr>
<tr><td>주 소</td><td></td><td>전화번호</td><td></td></tr>
</table>

위 당사자는 아래의 근로조건을 성실히 이행할 것을 약정하고 근로계약을 체결한다.
- 아   래 -

<table>
<tr><td>근로 장소</td><td colspan="4"></td></tr>
<tr><td>직 종</td><td colspan="2"></td><td>계약기간</td><td>~   (   )</td></tr>
<tr><td rowspan="3">임금구성
항 목</td><td>계 산 방 법</td><td>월 급 제</td><td>월지급액</td><td></td></tr>
<tr><td>① 기 본 급 :   원
②   수당 :   원
③   수당 :   원
④   수당 :   원
⑤   수당 :   원
⑥   수당 :   원</td><td colspan="3">– 상여금 : 만 6개월 이상 근속자에 한함

– 상여 지급시기 :

– 상여금 : 기본급의   %</td></tr>
<tr><td>월차휴가</td><td colspan="3">의무사용 원칙</td></tr>
<tr><td>근 무 복</td><td>1. 지급 대상 : 전 직원</td><td>2. 중도
퇴사자</td><td colspan="2">입사 후 6개월 이내 퇴사자는 퇴직 시,
지급한 근무복 구입대금 공제</td></tr>
<tr><td>근로시간</td><td>:   ~   :</td><td>휴게시
간</td><td colspan="2">– 식사시간 60분
– 업무에 지장이 없도록 교대로 사용</td></tr>
<tr><td>임금계산기간
과 지급일</td><td colspan="4">전월   일에 기산하여 당월   일에 마감한 후 당월   일에 지급한다.</td></tr>
<tr><td>수습기간</td><td>입사일로부터 3개월</td><td>수습기
간 중의
급여</td><td colspan="2">– 신입사원 : 지급액의 85%
– 경력사원 : 해당 없음</td></tr>
<tr><td>퇴 직 금</td><td colspan="4">1년 이상 근속한 경우 근로기준법에 정한 바에 따른다.</td></tr>
<tr><td>퇴직절차</td><td colspan="4">사직일로부터 30일 전에 사직서를 제출하고 업무인수인계 후 퇴직</td></tr>
</table>

근로계약의 해지사유	① 취업규칙 또는 정당한 업무명령을 위반하였을 때 ② 무단결근 계속 3일 이상(지각, 조퇴 3회는 결근 1일로 간주) ③ 근로계약기간이 종료되었을 때 ④ "갑"의 발주처로부터 "을"의 귀책사유로 교체요청이 있을 때 ⑤ "갑"의 발주처와의 도급계약의 해지가 있을 때 또는 계약의 연장이 안 되 었을 때 ⑥ 수습기간 중 근로에 적합하지 않다고 회사가 판단한 경우
기 타	본 계약서에 명시되지 않은 사항은 근로기준법 및 취업규칙에 정한 바에 따 른다.

회사의 취업규칙 등 제 규정을 숙독하였음을 확인하고 아래에 서명, 날인함.
20 년   월 일

(사 용 자)   (인) (근 로 자)   성 명 :   (인)
                        주민등록번호 :

🔍 4대 보험 적용대상 및 신고안내

구 분	국민연금	건강보험	고용보험	산재보험
당연적용 (의무가입) 대상	1인 이상의 근로자를 사용하는 모든 사업장	상시 1인 이상의 근로자를 사용하는 모든 사업장	일반사업장: 상시 근로 1인 이상의 근로자를 고용하는 모든 사업 및 사업장	일반사업장: 상시 근로자 1인 이상의 사업 또는 사업장
처리기관	국민연금공단 관할지사	국민건강보험공단 관할지사	근로복지공단 관할지사	근로복지공단 관할지사
신고의무자	사용자	사용자	사업주	사업주
신고기한	해당일이 속하는 달의 다음 달 15일까지	적용일로부터 14일 이내	보험관계가 성립된 날부터 14일 이내	보험관계가 성립된 날부터 14일 이내
유의사항	국민연금 적용일 및 가입자 취득일 확인 18세 미만 사업장가입자 취득일 확인	① 단위사업장, 영업소가 있을 경우에는 단위사업장, 영업소현황을 첨부 ② 건강보험증 발급은 국민건강보험공단에서 가입자 취득완료 후 우편발송함 ③ 사업장특성부호는 공무원 및 교직원사업장 이외의 사업장은 일반사업장으로 작성함		− 산재보험은 접수일자에 의해 사업주에게 벌과금적 성격의 징수금이 부과될 수 있으므로 민원접수증 보관 필요(인터넷 접수 시 접수증 출력 가능) − 산재보험 혜택은 접수한 날의 다음 날 이후 발생한 재해부터 받을 수 있으며, 지연신고 기간 중 발생한 재해는 지급결정된 보험 급여액의 50%를 사업주에게 별도 징수함
상세내역 문의	국번 없이 1355 국민연금공단 사이트	1577−1000 국민건강보험공단 사이트	\u200b1588−0075 고용 · 산재보험 토털서비스 사이트	
신고처	4대사회보험 각 기관 지사 및 인터넷(www.4insure.or.kr) [전자민원] 신고 전자민원신고: 전자민원 〉 사업장 〉 사업장성립신고에서 신고			

인테리어 디자인 표준설계계약서

설 계 명	
위 치	
용 도	
설계면적	

위 용도의 인테리어 설계를 하기 위하여 설계의뢰자 "ㅇㅇㅇ"(이하 '갑'이라 한다.)이 인테리어 디자이너 "ㅇㅇㅇ"(이하 '을'이라 한다.)에게 설계 업무를 위촉함에 있어서 사단법인 한국 인테리어 디자이너 협회의 인테리어 업무 및 보수기준과 윤리강령, 윤리규정에 의거하여 다음과 같이 계약을 체결한다.

제1조 설계보수액은 일금＿＿＿＿＿원정으로 한다.

제2조 '갑'은 계약을 체결할 때에 '을'에게 계약금으로 제1조의 설계보수액의 30%를 지불하고 진행에 따라 30%를 중간불로 지불하여야 하며, 잔액은 설계완료 시 지불한다.(인테리어 디자이너 협회 보수기준 제3조 제5항 참조)

제3조 설계업무의 실행기간은 계약일로부터 일간으로 한다.(2014년 9월 20일부터 2014년 11월 10일까지)

단, 다음 각 호의 경우에는 설계기간을 '갑'과 '을'이 협의하여 업무실행 기간을 연장할 수 있다.

    1. 천재지변, 또는 이에 준하는 부득이한 사유가 발생한 때

    2. '갑'이 계획을 변경하거나 또는 관계 법규가 개정되었을 때

제4조 '갑'이 '을'에게 위촉하는 설계업무는 인테리어 디자이너 협회 보수기준 제2조 사항 중 다음 각 호의 내용 중에서 '갑' '을' 쌍방이 협의하여 채택하고 그 이외의 부분은 삭제한다.

    1. 기획설계

    가. 의뢰자의 의도, 목적, 기본방침에 관하여 일반적인 협의, 필요한 자료의 조사 검토

    나. 입지조건, 건물의 상태, 이용자 등 제 조건의 조사, 검토 및 계획의 조정

    다. 관계법령에 따라 기술적 제 문제에 관한 협의 조정

    라. 기본구상, 운영 방침, 시설 개요, 공기, 예산배분 등을 표시하는 계획도서의 작성

    2. 기본설계

    가. 설계 이미지 스케치

    나. 평면도, 전개도, 천장평면도, 일반단면도(예비 컴퓨터 시뮬레이션)

    다. 설계설명서

    라. 공사비 예상 견적서 및 공정 개요서

    3. 실시설계

    가. 평면도, 전개도, 상세도의 작성

    나. 상품, 전시품들의 배치, 공간구성, 연출에 따르는 도서 작성

다. 가구 집기구의 배치 및 선정

라. 공사비 명세서

마. 공사시방서 및 특기시방서

제5조 '갑'은 '을'이 설계업무를 수행하는 데 필요한 다음 각 호의 자료를 요구할 때에는 제공하여야 한다.

1. 설계업무에 필요한 제반자료

2. 각종 관련 도면(건축, 설비, 전기, 조경)

제6조 '을'이 설계업무를 수행하는 동안 '갑'이 계획을 변경하거나 관계법규의 개정으로 인하여 이미 진행한 설계업무의 상당한 수정 또는 재설계를 요할 때는 '갑'은 '을'에게 한국 디자이너 협회 보수 기준(제3조 제3항)에 의하여 보수액을 추가로 지불하여야 한다.

제7조 '을'이 작성한 설계도서의 하자로 인하여 실내공사 진행 중 문제점이 발생되었을 때에는 을의 책임하에 이를 해소시켜야 한다.

제8조 '갑'은 '을'에게 다음 각 호의 사항을 의뢰하고자 할 때에는 실제 소요 경비를 별도로 우선 지급하여야 한다.

1. 제5조의 자료를 위탁하는 경우

2. 본 업무 수행을 위하여 출장할 경우

3. 해외 기술자문이 필요할 경우

4. 실내 모형, 투시도, 컴퓨터 시뮬레이션(실사)의 제작을 요하는

경우

제9조 설계도서의 저작권은 '을'에게 귀속되며 '갑'은 본 설계 도서로서 다른 위치에 재사용할 수 없다.

제10조 '갑'은 제1조의 보수금액을 완불하지 아니하고는 본 계약에 의한 도서를 행사하거나 사용할 수 없다.

제11조 '갑'은 설계계획의 전체 또는 일부의 실시를 중지하거나 해지하는 경우라도 이미 수행한 업무에 대한 한 보수는 한국 인테리어 디자이너 협회 보수기준에 의하여 '을'에게 지불하여야 한다.

제12조 '을'이 정당한 사유 없이 설계업무를 지연시켰을 때에는 설계보수액에 대하여 매 1일마다 1000분지 2에 해당하는 지체금을 '갑'에게 지불하여야 한다.

제13조 본 계약에 의하여 발생되는 권리·의무는 상호 간의 승인 없이 제3자에게 양도 또는 해지할 수 없다. 단 '갑' '을' 공히 고의적으로 계약이행을 태만히 하거나 계약이행을 할 능력이 없어졌다고 인정되었을 때에는 상대방에게 협의하여야 하며 통지일로부터 30일 이내에 협의가 되지 않았을 때에는 일방적으로 계약을 해지할 수 있다.

제14조 본 계약에 기재되지 아니한 필요한 사항은 별지에 명시하여 첨부하고 업무 진행 중 이의가 발생될 때에는 법상 해석이나 관례에 따라 '갑'과 '을'이 협의하여 결정한다.

　상기계약을 증빙하기 위하여 본 계약서 2통을 작성하여 '갑' '을'이 서명날인하고 각 1통씩 보관한다.

2015년 04월 20일

설계의뢰인　　(갑)

주소:

성명:　　　(인)

실내디자이너　　(을)

사무소 소재지:

사무소명:

대표자명:　　(인)

중앙경제평론사 Joongang Economy Publishing Co.
중앙생활사 | 중앙에듀북스 Joongang Life Publishing Co./Joongang Edubooks Publishing Co.

중앙경제평론사는 오늘보다 나은 내일을 창조한다는 신념 아래 설립된 경제·경영서 전문 출판사로서
성공을 꿈꾸는 직장인, 경영인에게 전문지식과 자기계발의 지혜를 주는 책을 발간하고 있습니다.

창업 첫걸음

초판 1쇄 발행 | 2015년 7월 20일
초판 3쇄 발행 | 2020년 3월 25일

지은이 | 최재희 (JaeHee Choi)
펴낸이 | 최점옥 (JeomOg Choi)
펴낸곳 | 중앙경제평론사 (Joongang Economy Publishing Co.)

대   표 | 김용주
책임편집 | 이상희
본문디자인 | 김은정

출력 | 한영문화사   종이 | 한솔PNS   인쇄·제본 | 한영문화사

잘못된 책은 구입한 서점에서 교환해드립니다.
가격은 표지 뒷면에 있습니다.

ISBN 978-89-6054-144-3(03320)

등록 | 1991년 4월 10일 제2-1153호
주소 | ㉿04590 서울시 중구 다산로20길 5(신당4동 340-128) 중앙빌딩
전화 | (02)2253-4463(代) 팩스 | (02)2253-7988
홈페이지 | www.japub.co.kr 블로그 | http://blog.naver.com/japub
페이스북 | https://www.facebook.com/japub.co.kr 이메일 | japub@naver.com
♣ 중앙경제평론사는 중앙생활사·중앙에듀북스와 자매회사입니다.

도서
주문   **www.japub.co.kr**
전화주문 : 02) 2253 - 4463

※ 이 도서의 국립중앙도서관 출판시도서목록(CIP)은 서지정보유통지원시스템 홈페이지(http://seoji.nl.go.kr)와
국가자료공동목록시스템(http://www.nl.go.kr/kolisnet)에서 이용하실 수 있습니다(CIP제어번호: CIP2015016070).

중앙경제평론사에서는 여러분의 소중한 원고를 기다리고 있습니다. 원고 투고는 이메일을 이용해주세요.
최선을 다해 독자들에게 사랑받는 양서로 만들어드리겠습니다. **이메일 | japub@naver.com**